envoyé de Paris le 5 juin 2007

PASSERELLES

CENTRE ALLEMAND D
DEUTSCHES FORUM FÜ

Collection dirigée par
Thomas W. Gaehtgens

MSH

ÉDITIONS

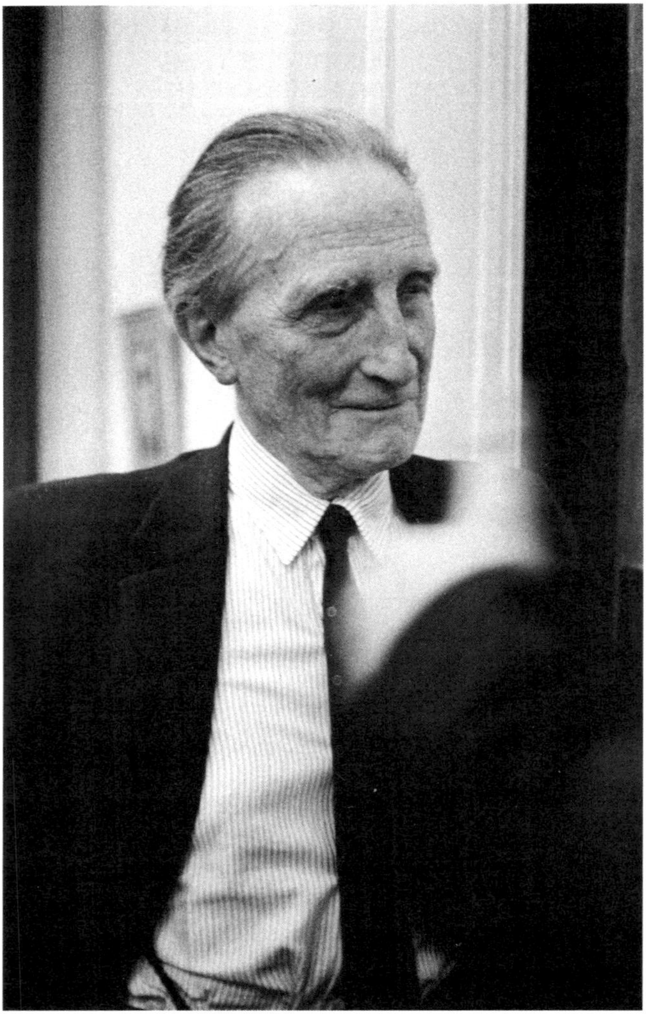

Marcel Duchamp au finissage de l'exposition « Marcel Duchamp, même » à la Kestner-Gesellschaft de Hanovre, 1965. Photo : Umbo

Herbert Molderings

L'art comme expérience

Les *3 Stoppages étalon* de Marcel Duchamp

Traduit de l'allemand
par Anne-Marie Geyer

Éditions de la
Maison des sciences
de l'homme, Paris

« L'individu est, en tant que tel, soumis
au hasard de par sa nature même. »

Novalis, *Œuvres complètes*, I,
Gallimard 1975, p. 345

Sommaire

Introduction

Dès que l'histoire de l'art aborde le rôle du hasard dans l'esthétique moderne, elle se réfère à Marcel Duchamp et à ses *3 Stoppages étalon*, œuvre datée de 1913-1914 : trois fils horizontaux d'un mètre de longueur tombant d'un mètre de haut sur trois pans de toile où ils ont été fixés à l'aide de vernis[1]. Après leur première exposition en 1936, les *3 Stoppages étalon* deviennent partie intégrante des théories esthétiques de tous les courants artistiques conférant au hasard une place de choix dans le processus de création : c'est l'objet trouvé du surréalisme, l'assemblage du Pop Art et du Nouveau Réalisme, c'est aussi Fluxus et les systèmes fondés sur le hasard dans l'Art concret des années 1960[2]. Cette œuvre fondatrice de l'esthétique du hasard que sont les *3 Stoppages étalon*, nous avons certes l'impression de bien la connaître tant sa légende est omniprésente, pourtant nous ne savons presque rien du processus de création concret qui l'a engendrée, ni de son importance pour le développement artistique de Duchamp, au point que récemment fut même remise en question toute forme d'intervention du hasard dans sa réalisation[3].

Duchamp, pour sa part, considère les *3 Stoppages étalon* comme l'une de ses œuvres-clés. Lorsque, en 1961, Katharine Kuh, conservatrice de musée, lui demande quelle est son œuvre majeure, il lui répond : « As far as date is concerned I'd say the Three Standard Stoppages of 1913. That was really when I tapped the mainspring of my future. In itself it was not an important work of art, but for me it opened the way – the way to escape from those traditional methods of expression long associated with art[4]. » Pareille estime pour son œuvre est cependant en contradiction avec le fait que Duchamp a attendu vingt-deux ans avant de l'exposer. Comment expliquer cette divergence ? Quel est le statut des *3 Stoppages étalon* dans ce nouveau chapitre qu'ouvrent les années 1913-1914 dans la pensée de l'artiste ? Qu'est-ce qui a incité le peintre Marcel Duchamp à mener une expérience avec l'unité de mesure qu'est le mètre étalon ? Et quelle est la relation réelle de cette approche avec la peinture, voire avec l'art en général ? Lorsque les *3 Stoppages étalon* entrent en 1953 dans les collections du Museum of Modern Art de New York comme legs de Katherine S. Dreier, non seulement Duchamp donne en réponse à un questionnaire du musée des éclaircissements sur l'historique, la technique et la signification de son œuvre, mais il offre aussi bien des énigmes. Il renvoie à divers champs thématiques aussi complexes que disparates, voire cryptiques. Lisons Duchamp : « my first use of "chance" as a medium », « part of reaction against "retinal" painting (peinture rétinienne). Broyeuse de chocolat – first step toward depersonalizing straight lines by tension of lead wire – a joke about the meter – a humorous application of Riemann's post-Euclidean geometry which was devoid of straight lines. Not first-hand but part ! – Cf. Max Stirner – Le moi et sa propriété[5] ». Autant de réflexions par conséquent qui incitent à conclure que l'élaboration des *3 Stoppages étalon* dépasse de loin une simple expérience avec le hasard. Mais comment évaluer le rapport entre le hasard et la géométrie non euclidienne, entre celle-ci et la philosophie de Max Stirner ? C'est ce tissu de relations que nous nous proposons d'explorer ainsi que l'importance des *3 Stoppages étalon* pour le développement artistique de Duchamp au tournant décisif des années 1913-1914 où il va concentrer tous ses efforts sur la réalisation d'une seule œuvre, son grand tableau sur verre, *La Mariée mise à nu par ses célibataires, même.*

On a parfois reproché à la recherche sur Duchamp d'aller puiser en dehors de l'art les explications qu'elle ne trouvait pas dans l'histoire de l'art et de s'abandonner à de pures spéculations pour tenter de décrypter les positions radicalement nouvelles de l'artiste[6]. Si tant est que cette critique puisse être justifiée eu égard à l'interprétation – non attestée par les sources – faisant de la création duchampienne une « œuvre secrète », chiffrée, voire alchimique ou cabalistique, elle manque bel et bien son but quand elle touche aux questions de la géométrie moderne. Des centaines de notes sauvegardées avec minutie par Duchamp, contrairement à ses ready-made, traitent des problèmes de représentation découlant de la substitution des axiomes de la géométrie non euclidienne et de la géométrie à quatre dimensions aux axiomes de la géométrie d'Euclide. On a certes concédé que ces écrits autorisaient à souligner le lien entre l'œuvre de Duchamp et les théories scientifiques et géométriques modernes, mais non sans ajouter « qu'il était souvent difficile d'établir des liens directs avec ses travaux[7] ». Notre propos tente d'apporter la preuve que ce lien ne peut être plus direct dans le cas des *3 Stoppages étalon* et qu'il ne s'agit point de spéculations éloignées de l'art mais bien de questions relevant des fondements scientifiques de la peinture des temps modernes.

Au centre des interrogations qu'a suscitées la géométrie moderne dans la démarche de Duchamp se situe le problème constitutif de la peinture européenne depuis la Renaissance : la représentation de l'espace sur la surface, question que la négation de la perspective classique par la peinture cubiste hisse au rang des réflexions artistiques les plus discutées autour de 1910. Aussi la décennie précédant la Première Guerre mondiale connaît-elle un profond bouleversement du concept pictural en vigueur depuis la Renaissance. Le tableau en tant que fenêtre sur une réalité empirique, observée ou imaginée, cède la place au tableau en tant que réalité autonome de formes et de couleurs. Dans le discours esthétique de l'époque, Duchamp opte pour une position radicale. A la recherche d'une nouvelle peinture qui emboîte le pas aux hypothèses scientifiques modernes, il fonde ses réflexions sur les modèles spatiaux des géométries non euclidienne et quadridimensionnelle qui opèrent avec la représentation de dimensions invisibles plus élevées, et parvient ainsi à un concept pictural dépassant les frontières de la peinture (et de la sculpture). Les *3 Stoppages étalon* transcendent la toute récente redéfinition de la peinture par les cubistes, à savoir une création autonome de formes, et s'orientent vers un concept pictural empreint de principes scientifiques faisant du tableau un objet fonctionnel et épistémique. Si l'artiste peintre au sens traditionnel, incluant l'acception de l'avant-garde, était un créateur de tableaux, un inventeur de formes, il devient avec les *3 Stoppages étalon* l'inventeur d'un schéma expérimental dans lequel le tableau – et tout autre genre d'image – est autant l'instrument que le résultat de l'opération. Les *3 Stoppages étalon* établissent un nouveau style dans l'art du XXe siècle, à savoir le style d'un penser visuel expérimental. Du point de vue de l'évolution de la pratique artistique duchampienne, ils constituent une œuvre de transition qui conjugue le concept pictural de l'œuvre autonome et celui de l'œuvre expérimentale ouverte – deux pôles opposés que seule une analyse minutieuse de la genèse matérielle de cette œuvre au fil de vingt années de transformation permet de mettre en évidence.

Que les écrits scientifiques du mathématicien Henri Poincaré comptent parmi les sources d'inspiration majeures de Duchamp fait partie aujourd'hui du savoir standard en histoire de l'art. Cette constatation s'applique en particulier aux *3 Stoppages étalon*. De la récente recherche sur Duchamp est née l'image de l'artiste chercheur, une sorte de Léonard moderne ayant traduit les théories « conventionnalistes » de Poincaré dans la langue des arts plastiques. Mais la relation de Duchamp aux théories du mathématicien est encore loin d'être sans ambiguïté. C'est cet aspect que nous nous proposons d'élucider. Par une étude approfondie du discours philosophique du début du XXe siècle, nous entendons montrer que dans la controverse entre Henri Poincaré et le philosophe Édouard Le Roy sur la valeur de la science, Duchamp a pris position par son art contre le rationalisme et le néo-positivisme de Poincaré et en faveur de la théorie nominaliste d'Édouard Le Roy, selon laquelle les lois, axiomes et étalons sont des constructions arbitraires de la part des scientifiques. Dès la « fabrication » des *3 Stoppages étalon* en 1913, la subversion du scientisme devient un des mobiles essentiels de l'art de Duchamp. Dès ce moment, chacune de ses actions artistiques a pour but de saper le primat de la pensée scientifique dans la société moderne. Les outils intellectuels de son esthétique nouvelle sont l'humour et l'ironie, son modèle est la « pataphysique » d'Alfred Jarry. Dans l'univers de la pensée duchampienne où la science n'est ni modèle explicatif du monde ni ersatz de religion, où il n'y a ni certitudes absolues ni vérités, le seul point d'ancrage est l'individu. Ceci explique la fascination de l'artiste pour les thèses individualistes radicales du philosophe allemand Max Stirner dont la pensée a enflammé l'avant-garde anarchiste parisienne, et en particulier les adeptes du groupe autour de l'*Action d'Art* dont Duchamp partage l'individualisme radical mais aussi l'idée que la vocation de toute activité artistique n'est pas de créer des œuvres d'art mais de faire de sa vie une œuvre.

Cette étude émane de diverses conférences tenues à l'université de Bochum dans la Ruhr et à l'université Humboldt de Berlin. Un premier résumé en a été présenté en 1999 au symposium « Methods of Understanding in Art and Science. The Case of Duchamp and Poincaré » à la Harvard University de Cambridge, Mass. Une année de recherche au Wissenschaftskolleg de Berlin / Institute for Advanced Study en 2002/2003 nous a permis d'achever ce livre, que le Wissenschaftskolleg en soit vivement remercié !

I. L'idée de la fabrication

L'idée qui préside à l'élaboration des *3 Stoppages étalon* est notée sur un feuillet figurant dans la *Boîte de 1914* (ill. 1), une boîte de 18 × 28 cm pour plaques photographiques, dans laquelle Duchamp a réuni les reproductions photographiques de seize notes manuscrites et un dessin[8]. Les termes en sont les suivants : « L'idée de la fabrication – Si un fil droit horizontal d'un mètre de longueur tombe d'un mètre de hauteur sur un plan horizontal en se déformant *à son gré* et donne une figure nouvelle de l'unité de longueur – 3 exemplaires obtenus dans des conditions à peu près semblables dans *leur considération chacun à chacun* sont une *reconstitution approchée* de l'unité de longueur[9] » (ill. 2). Sous ce feuillet est collé un bout de papier portant l'inscription « Les *3 Stoppages étalon* sont le mètre diminué[10] ». Duchamp publie en 1934 la première phrase de cette « idée de la fabrication » ainsi qu'une note supplémentaire, « 3 Stoppages étalon. Du hasard en conserve. 1914 » dans la boîte *La Mariée mise à nu par ses célibataires, même*, un écrin revêtu de velours vert contenant 94 notes et reproductions d'études et de tableaux en fac-similé se rapportant au *Grand Verre*[11].

En lisant cet intitulé lapidaire de Duchamp, on a l'impression que lui est soudain venue en 1913 l'idée de modifier par une expérience inhabituelle, à l'aide de trois fils, la forme du vénérable mètre étalon en platine iridié déposé au pavillon de Breteuil à Sèvres et par là de transformer en grandeur fortuite une unité de base valable dans la plus grande partie du monde. Cette impression est corroborée par les nombreuses explications fournies par Duchamp après 1945 sur la manière

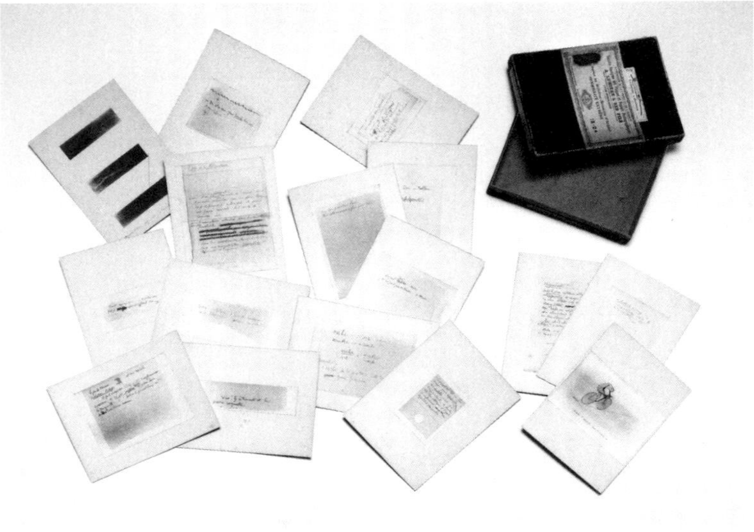

1 *La Boîte de 1914*. Boîte en carton de plaques photographiques « A. Lumière & ses Frères »: photographies de 16 notes manuscrites et d'un dessin, contrecollées sur 15 feuilles de carton rigide (24 × 18 cm), Philadelphie, Philadelphia Museum of Art, Donation d'Alexina Duchamp, 1991

dont il a conduit cette expérience. Dans les entretiens avec le critique d'art Pierre Cabanne publiés à Paris en 1967, Duchamp déclare à ce sujet : « L'idée du hasard, auquel beaucoup de gens pensaient à cette époque-là, m'avait également frappé. L'intention consistait surtout à oublier la main, puisqu'au fond même votre main c'est du hasard. Le hasard pur m'intéressait comme un moyen d'aller contre la réalité logique : mettre quelque chose sur une toile, sur un bout de papier, associer l'idée d'un fil droit horizontal d'un mètre de longueur tombant d'un mètre de hauteur sur un plan horizontal à celle de sa propre déformation, à son gré. Cela m'avait amusé. C'est toujours l'idée "amusé" qui me décidait à faire les choses, et répétées trois fois… […] Mes "Trois Stoppages étalons" sont donnés par trois expériences, et la

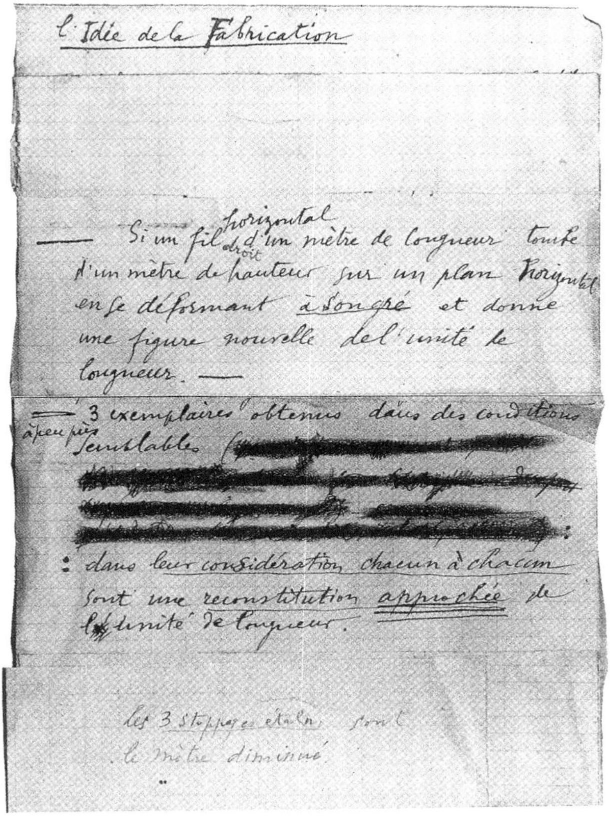
l'Idée de la Fabrication

— Si un fil droit horizontal d'un mètre de longueur tombe d'un mètre de hauteur sur un plan horizontal en se déformant à son gré et donne une figure nouvelle de l'unité de longueur. —

— 3 exemplaires obtenus dans des conditions à peu près semblables [redacted]

: dans leur considération chacun à chacun sont une reconstitution approchée de l'unité de longueur.

les 3 stoppages étalon sont le mètre diminué.

2 « L'Idée de la fabrication », note de la *Boîte de 1914*, Philadelphie, Philadelphia Museum of Art, Donation d'Alexina Duchamp, 1991

forme est un peu différente pour chacune. Je garde la ligne et j'ai un mètre déformé. C'est un mètre en conserve, si vous voulez, c'est du hasard en conserve[12]. » En s'appuyant sur les termes de Duchamp, on peut retracer cette expérience à la fois pseudo-scientifique et artistique de la manière suivante : Duchamp fait tomber d'un mètre de hauteur sur trois étroites bandes de toile trois fils droits et horizontaux d'un mètre de longueur et les fixe par la suite avec du vernis. De la sorte apparaissent sur les bandes de toile trois lignes relevant du hasard et non d'un tracé à la main, des lignes qui ne se réfèrent à aucune figure en dehors de l'espace pictural mais qui ont – en tant que fils – une existence matérielle indépendante de toute référence extérieure. Sur chacun des trois pans de toile, il colle une étiquette en cuir noir sur laquelle est estampée en caractères or l'inscription : 3 STOPPAGES ÉTALON, 1913-14 (ill. 3). Dans aucune de ses explications relatives à cette œuvre, il n'est fait allusion au bleu de Prusse qui recouvre les toiles, ni au fait que les fils sont non seulement fixés avec du vernis à la surface de la toile mais également cousus de part et d'autre de celle-ci, de sorte que leur longueur est en réalité supérieure à un mètre[13]. Les extrémités des fils apparaissant à l'envers des trois bandes de toile et dont la longueur varie de 4,2 à 9 cm sont également fixées à l'aide de vernis. Si l'on considère par ailleurs que Duchamp n'a jamais révélé avoir fondamentalement modifié l'apparence de son œuvre en 1936, nous sommes en présence d'une contradiction entre l'apparence matérielle des *3 Stoppages étalon* et « l'idée de la fabrication » dont procède cette œuvre. C'est cette contradiction qu'il nous appartient d'élucider.

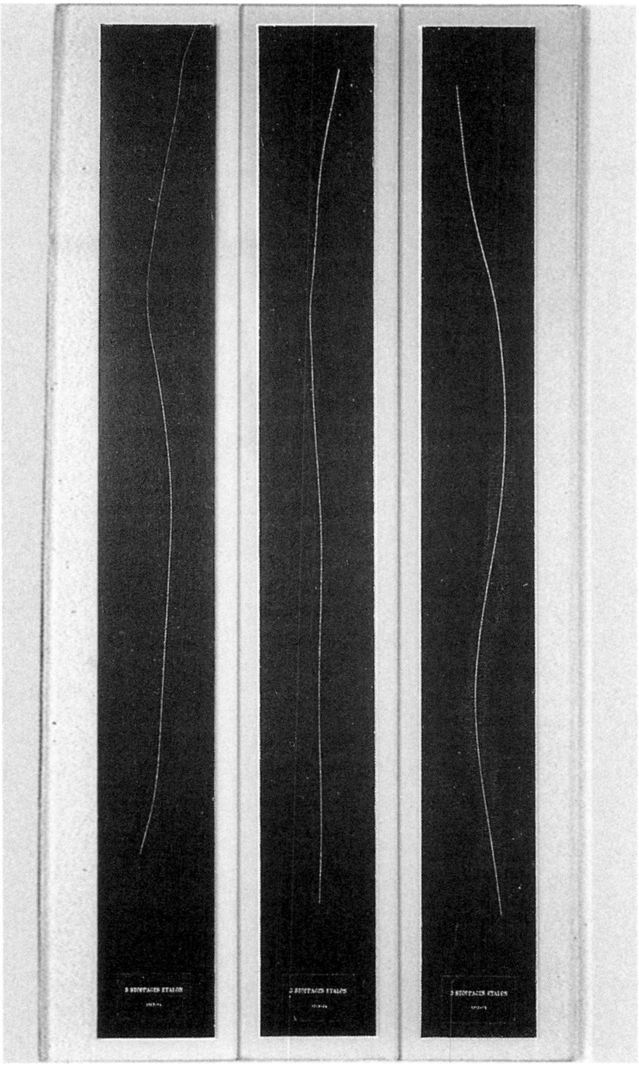

3 *3 Stoppages étalon*, 1913-14. Trois fils d'un mètre fixés sur des bandes de toile (120 × 13,3 cm) collées sur verre (125,4 × 18,3 cm). The Museum of Modern Art, New York, legs de Katherine S. Dreier, 1953

II. Les *3 Stoppages étalon* dans le contexte du *Grand verre*

Les *3 Stoppages étalon*, comme tout ce qu'a créé Duchamp de 1913 à 1915, sont issus du travail à son œuvre maîtresse, *La Mariée mise à nu par ses célibataires, même*, tableau de grand format réalisé sur verre (ill. 4). A l'occasion d'un séjour de travail de trois mois à Munich à l'été 1912, l'artiste tout juste âgé de vingt-cinq ans entreprend un tour de force à travers les collections publiques de peintures de Bâle, Munich, Dresde, Leipzig, Berlin, Prague et Vienne. Ce voyage incite Duchamp à se détourner de la tendance à la « délittérarisation » qui prévaut dans la peinture d'avant-garde et à « remettre la peinture au service de l'esprit[14] ». « Art ou anti-art, ç'a été ma question à mon retour de Munich, en 1912, quand j'ai dû prendre des décisions d'abandonner la peinture pure[15] ou la peinture pour elle-même, et introduire des éléments très divers, très étrangers à la peinture, la seule façon de sortir d'une ornière picturale ou de couleurs, qui n'était pas du tout ma façon d'envisager les choses à ce moment-là[16] ». De cette rencontre, intense et pourtant limitée à quelques mois seulement, avec la grande peinture occidentale, il tire l'enseignement que « en fait jusqu'à ces cent dernières années, toute la peinture était littéraire ou religieuse : elle avait été mise au service de l'esprit[17] ». La peinture contemporaine en revanche met l'accent sur les moyens picturaux : « Personne ne pensait qu'il pût y avoir quelque chose au-delà de l'acte physique de la peinture. On n'enseignait aucune notion de liberté, aucune perspective philosophique[18]. » Les peintres de la Renaissance et du Baroque, ainsi caractérise-t-il *a posteriori* le gain artistique qu'il retire de son séjour munichois, ne s'intéressaient pas aux formes et aux couleurs en soi : « Ce qui les intéressait c'était d'exprimer leur idée de la divinité d'une façon ou de l'autre, sous la forme d'une Vierge ou autre. Donc, sans refaire la même chose, il y a cette idée, chez moi en tout cas, que la peinture pure pour elle-même n'est pas intéressante, en soi, comme but[19]. » Duchamp prend alors le risque d'un cheminement entièrement nouveau qui est en marge aussi bien du cubisme que de la « peinture pure » à la Kandinsky qu'il a découverte à Munich. Cette voie vers une « littérarisation » et « scientifisation » de la peinture doit lui permettre d'aller au-delà de ce qu'ont fait les artistes qu'il admire, tels Arnold Böcklin et Odilon Redon[20]. Aussi prend-il l'audacieuse décision de se mesurer aux grands maîtres du passé en créant un tableau grand format qui doit traduire les idées les plus avancées de son temps : *La Mariée mise à nu par ses célibataires, même*. Pour se consacrer à son entreprise, Duchamp se retire du milieu artistique parisien, n'expose plus ses tableaux et s'inscrit à un cours de bibliothécaire à la Sorbonne. En novembre 1913 il prend un emploi à la bibliothèque Sainte-Geneviève, où il peut à ses heures libres – très nombreuses, confie-t-il lui-même – s'adonner à l'étude de la géométrie, de la philosophie, des sciences, dont en particulier la théorie perspectiviste[21]. A Munich, le sujet de son projet pictural s'est déjà manifesté à travers une série de dessins et de peintures ; il est tout aussi « classique » que de nature à « intellectualiser la peinture ». Ce doit être une allégorie moderne et complexe de l'amour, qu'il prépare durant deux ans à travers de nombreuses esquisses littéraires, croquis, études et travaux picturaux partiels[22]. Duchamp choisit l'approche concrète du dessin mécanique comme mode de représentation des relations sexuelles et érotiques. Tout l'événementiel s'exprime sous la forme d'une machine imaginaire projetée sur un panneau de verre ; il faut attendre la publication par Duchamp en 1934 des travaux préparatoires au livre conçu comme le pendant littéraire à son tableau (la *Boîte verte* mentionnée ci-dessus) pour en décrypter les rouages et le mode

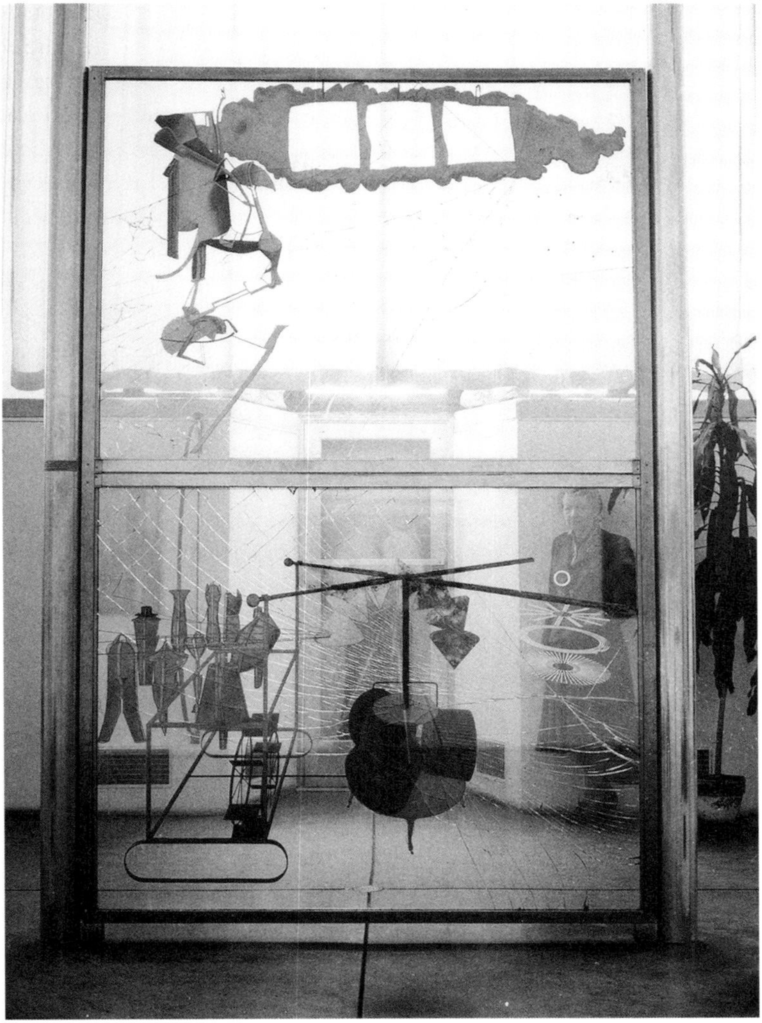

4 *La Mariée mise à nu par ses célibataires, même*, 1915-1923. Huile, vernis, feuille de plomb, fil de plomb, minium, tain, poussière sur 2 plaques de verre, 277,5 × 175,8 cm. Philadelphie, Philadelphia Museum of Art, Fondation Katherine S. Dreier. Photo Marcel Jean, 1958

de fonctionnement. Il faut cependant souligner que les commentaires des figures et des formes du *Grand Verre* sont tout sauf explicatifs. Ces commentaires, tout aussi polysémiques, voire ambigus, que les formes visuelles de cette composition sur verre, laissent toute latitude à l'interprétation : par le biais de métaphores évoquant une physique-chimie psychologisée, ils décrivent l'amour comme étant une pure « kermesse érotique[23] ».

Au cours de ses études en vue de *La Mariée mise à nu par ses célibataires, même*, Duchamp se rend à l'évidence que face à la sexualisation de la publicité, à la frivolité du cinéma et à l'emprise des sciences sur tous les domaines de la vie, le désir érotique ne peut plus être représenté avec le sérieux métaphysique d'un Titien ou d'un Böcklin. La tradition de pensée d'un Rabelais ou d'un Jarry lui paraît mieux adaptée à l'esprit du temps où les passions, après avoir été décortiquées dans les moindres détails par la science naissante qu'est la sexologie, sont exacerbées jusqu'au pathétique par la littérature bourgeoise. Ainsi qualifie-t-il sa *Mariée mise à nu* de « tableau hilarant[24] ». Les processus érotiques y sont traduits dans la langue des théorèmes mathématiques ou des opérations physico-chimiques, des idiomes voient le jour, où abondent les connotations sexuelles. Aussi lit-on dans cette singulière poésie en prose scientifique des expressions comme « cylindres-seins », « essence d'amour », « magnéto-désir », ou encore « métal émancipé », « inversion de frottement », « densité oscillante », « mise à nu électrique », et ainsi de suite.

Le modèle d'espace auquel Duchamp a recours pour représenter sur le *Grand Verre* cette « réalité possible en distendant un peu les lois physiques et chimiques[25] » n'est plus l'espace tridimensionnel de la géométrie euclidienne mais la nouvelle notion d'espace propre à la géométrie à quatre mensions qui compte parmi les questions les plus discutées de la pensée scientifique moderne autour de 1910 dans les cercles de l'avant-garde artistique. Duchamp se voit pour la première fois confronté à ces questions fin 1911 dans le

« Cercle des artistes de Puteaux[26] ». Ce groupe de jeunes peintres cubistes se réunit chaque semaine à Puteaux, aux environs de Paris, dans les ateliers de leurs deux aînés, le peintre Jacques Villon et le sculpteur Raymond Duchamp-Villon, afin de discuter des fondements géométriques et scientifiques de la nouvelle peinture. Albert Gleizes, Jean Metzinger, Fernand Léger, Frank Kupka, Georges Ribemont-Dessaignes, Guillaume Apollinaire sont les membres les plus en vue de ce cercle de discussion ainsi que Maurice Princet, jeune professeur de mathématiques qui, pour reprendre les termes de Duchamp, « jouait au monsieur qui connaissait la quatrième dimension par cœur[27] ». Tout comme l'art fondé sur la perspective linéaire s'est référé aux principes géométriques d'Euclide depuis la Renaissance, ces jeunes peintres, dont Jean Metzinger le premier, recherchent une légitimation scientifique à la rupture avec la perspective classique et à l'introduction d'une « perspective mobile » intégrant le concept de simultanéité dans l'espace pictural. Tout comme les mathématiciens modernes ne limitent plus leur raisonnement aux trois dimensions de la géométrie euclidienne, les peintres cubistes s'emploient à créer de nouvelles formes picturales exprimant la nouvelle conception géométrique de l'espace. C'est cette idée fondamentale qui préside à leurs débats[28]. Marcel Duchamp, plus qu'aucun autre, sait s'en saisir avec intensité, c'est elle qui l'entraîne finalement vers d'autres rives, bien au-delà de la peinture[29]. La réaction de Gertrude Stein à sa première rencontre avec l'artiste témoigne de la fascination du jeune Duchamp pour cette idée. Ce qui la frappe particulièrement, souligne-t-elle dans une lettre à une amie new-yorkaise, c'est l'engouement avec lequel Duchamp parle de la quatrième dimension[30].

Les penchants mathématiques de Duchamp n'échappent pas non plus à la critique d'art dès l'exposition de ses tableaux de 1911-1912. « L'esprit mathématique semble dominer chez Marcel Duchamp », écrit le critique d'art parisien Jacques Nayral dans sa préface au catalogue de l'« exposicion d'arte cubista » de la galerie Dalmau à Barcelone en avril-mai 1912. « Certains de ses tableaux sont de purs schémas, comme s'il s'efforçait à des démonstrations et à des synthèses. Marcel Duchamp se distingue en effet par son extrême audace spéculative. Il tâche à [*sic*] configurer un double dynamisme, subjectif et objectif : ainsi le *Nu descendant un escalier*[31]. » Georges Ribemont-Dessaignes, peintre et essayiste, l'un des membres à l'époque des discussions de Puteaux, a souligné dans ses mémoires que les « suggestions nullement plasticiennes [de Marcel Duchamp] concernant la géométrie non euclidienne et l'espace à quatre dimensions de Lobatchevsky[32] [...] ne tardèrent pas, au goût des peintres, à aller trop loin[33] ». « Ceci dépassait les possibilités plastiques des peintres et mettait en cause les conceptions habituelles de l'univers, avec des conséquences négatives si vastes que le minimum de stabilité réclamé par une école, qui se voulait avant tout constructive, s'en trouvait ébranlé. [...] L'attitude de Marcel Duchamp, en continuel défi au sens commun, fut considérée comme dépassant la mesure et comme danger public puisqu'elle nuisait maintenant à l'art lui-même et à la considération qu'on peut nourrir une école sérieuse[34]. »

Duchamp n'a jamais caché son intention de donner un fondement scientifique à l'art tel qu'il le conçoit. « Toute la peinture, à commencer par l'impressionnisme, est anti-scientifique, même Seurat. Cela m'intéressait d'introduire le côté exact et précis de la science, cela n'avait pas été souvent fait ou du moins on n'en parlait pas beaucoup. Ce n'est pas par amour de la science que je le faisais, au contraire, c'était plutôt pour la décrier, d'une manière douce, légère et sans importance. Mais l'ironie était présente[35]. » C'est précisément cette contradiction, se laisser fasciner d'une part par la pensée scientifique moderne et ironiser d'autre part sur l'exigence de vérité et d'interprétation de l'univers inhérente aux sciences, qui caractérise toute son œuvre artistique à partir de 1913.

Pris à la lettre, le concept d'espace au sens de la géométrie à quatre dimensions peut en effet constituer un danger pour la pensée de l'artiste plasticien parce qu'il s'agit d'une notion purement mathématique. La quatrième dimension telle que la postule la géométrie quadridimensionnelle ne constitue pas le temps au sens de la théorie de la relativité d'Einstein mais un axe spatial supplémentaire qui confère à l'espace une structure qui n'est pas accessible à la perception sensorielle et ne s'ouvre qu'à la pensée mathématique. Du fait que Duchamp ait précisément appliqué ce concept abstrait et mathématique à son projet pictural *La Mariée mise à nu par ses célibataires, même* découle au stade de la réalisation une dissociation – quant à la conception et la représentation – entre les images graphiques ou visuelles d'une part et les images verbales d'autre part ; l'imaginaire et sa représentation ne peuvent plus s'unir dans un seul tableau figuratif, mais seulement sous la forme d'une nouvelle unité artistique procédant à la fois du tableau et du livre. Le fait que l'un et l'autre soient demeurés inachevés et que le livre ne soit paru que sous forme de notes en fac-similé onze ans après l'achèvement du travail sur le *Grand Verre*, relève de la méthode fragmentaire de Duchamp. Il a en effet toujours privilégié la mise en valeur du cheminement progressif de la démarche artistique sur le tableau achevé.

La paroi de verre, matérialisation du plan de coupe à travers la pyramide visuelle

Comme le montrent ses notes, Duchamp a étudié le *Traité élémentaire de la Géométrie à quatre dimensions et introduction à la Géométrie à n dimensions* d'Esprit-Pascal Jouffret publié en 1903[36]. Toutefois, c'est la lecture des écrits philosophiques et scientifiques du grand mathématicien Henri Poincaré qui détermine fondamentalement l'approche géométrique de Duchamp. Ces théorèmes de la nouvelle géométrie sont non seulement représentés dans un langage compréhensible par chacun mais également explicités quant à leur incidence sur les questions fondamentales de la connaissance scientifique et philosophique : *La Science et l'Hypothèse* (1902), *La Valeur de la science* (1905) et *Science et Méthode* (1908) jouent aujourd'hui encore un rôle important dans les débats scientifiques[37].

Dans les livres de Jouffret et Poincaré, Duchamp lit que la géométrie euclidienne n'est qu'une des nombreuses géométries possibles et que la nouvelle pensée scientifique suggère d'imputer à l'espace plus de trois dimensions[38]. En 1913-1914, Duchamp est convaincu qu'à l'instar des peintres de la Renaissance qui ont révolutionné leur métier grâce à la géométrie euclidienne, la nouvelle peinture ne peut ignorer le concept d'espace quadridimensionnel[39].

Dans *La Valeur de la science*, Poincaré raisonne sur la notion de coupure pour déterminer le nombre de dimensions d'un continu. « Pour diviser l'espace, il faut des coupures que l'on appelle des surfaces, écrit-il. Pour diviser les surfaces, il faut des coupures que l'on appelle lignes ; pour diviser les lignes, il faut des coupures que l'on appelle points ; on ne peut aller plus loin et le point ne peut être divisé, le point n'est pas un continu[40]. » Duchamp reprend ces définitions des dimensions comme coupures et les développe dans toutes les directions afin de répondre à la question suivante : si le continu à trois dimensions est une coupure à travers un continu à quatre dimensions, comment ce continu à quatre dimensions peut-il être artistiquement représenté[41] ? Poincaré pour sa part avait attiré l'attention dans son dernier grand livre, *Science et Méthode*, de 1908 sur l'impossibilité de la visualisation d'un d'espace à quatre dimensions : « voir avec ses sens n'aide au raisonnement mathématique – par le biais d'analogies géométriques – que jusqu'à la troisième dimension », il souligne : « Malheureusement, nos sens ne peuvent nous mener plus loin, et ils nous faussent compagnie dès que nous voulons nous envoler en dehors des trois dimensions classiques[42]. » La plupart des artistes auront lu dans ces lignes une mise en garde contre toute tentative de s'aventurer sur ce terrain. Au contraire Duchamp s'en tient opiniâtrement à une tout autre constatation de Poincaré qui écrit dans ce même livre : « Il faut qu'on arrive à la [la géométrie qualitative] construire complètement dans les espaces supérieurs ; *on aura alors un instrument qui permettra réellement de voir dans l'hyperespace et de suppléer à nos sens* [souligné par l'auteur][43]. » Des pages entières de notes recueillies dans la *Boîte blanche* cherchent une réponse à la question centrale : « Quelle *représentation* peut-on donner d'un espace 3 dimsl dans un continu 4 dimsl[44] ? » Duchamp croit pouvoir trouver par raisonnement analogique une solution à ce problème de représentation en comparant les structures de perception tridimensionnelle et bidimensionnelle d'un monde plat. Ce n'est pas vraiment nouveau. Edwin Abbott avait en 1884 dans un ouvrage de vulgarisation, une science-fiction intitulée *Flatland*[45], spéculé avec humour sur la perception de ce qu'il nommait les « êtres bidimensionnels » et sur la géométrie que ces derniers pourraient bien être à même de construire avec leurs sens. Poincaré a puisé dans cette fiction littéraire pour élucider dans *La Science et l'Hypothèse* les particularités de la géométrie de Riemann[46]. Des êtres « infiniment plats » voient par exemple une ligne sur une figure plane non comme une ligne mais comme une paroi. Pour localiser la ligne dans son espace continu, ils doivent contourner cette paroi, en mesurer la longueur et les angles par rapport à d'autres points et lignes et intégrer ces derniers dans l'espace ainsi construit en pensée. Il en va autrement des êtres tridimensionnels. Ils embrassent l'espace continu du regard et voient par là simultanément la ligne de tous les côtés. Tout comme l'œil tridimensionnel ne perçoit pas une ligne sur une surface plane comme une paroi impénétrable, l'œil quadridimensionnel, présume Duchamp, ne percevra pas un corps solide à trois dimensions comme un obstacle clos, impénétrable, mais comme un objet transparent, simultanément visible sous tous ses angles.

La caractéristique de l'hypothétique perception quadridimensionnelle d'un monde tridimensionnel est donc la *transparence.* « L'indigène 4 dimsl. percevant ce corps 4 dmsl. symétrique », peut-on lire dans une longue note au sujet du *Grand Verre*, « passera d'une partie à la seconde partie en *traversant instantanément* l'espace^3 médian – On peut imaginer cette traversée instantanée d'un espace^3 en se rappelant certains effets de glaces à 3 faces dans lesquelles les images disparaissent (derrière) de nouvelles images[47]. » Ces réflexions soulignent bien la raison pour laquelle Duchamp a opté pour le verre et non pour la toile comme support de son tableau *La Mariée mise à nu par ses célibataires, même*. La première esquisse de cette allégorie sexuelle moderne prévoit encore la toile comme support pictural traditionnel[48]. « De la perspective à 2 dimensions donnant l'apparence du continu à 3 dimensions, construire une perspective à 3 dimensions (ou peut-être 2 dimensions) de ce continu à 4 dim.[49] [...] Employer le verre transparent et la glace pour la perspective^4 [50] », note-t-il à l'époque.

Pour trouver une solution à ce problème de représentation, il doit encore une fois raisonner par analogie. Il se met à étudier les méthodes de projection géométrique de corps à trois dimensions sur une surface à deux dimensions dans les nombreux traités de perspective classique à la bibliothèque Sainte-Geneviève[51]. « Voir Catalogue Bibliothèque Ste Geneviève toute la rubrique Perspective », peut-on lire dans une des notes de la *Boîte blanche*[52]. C'est alors qu'il découvre le traité richement illustré de Jean du Breuil de 1649, *La perspective pratique nécessaire à tous les peintres...*, qui devient l'une des sources essentielles de son travail artistique[53]. En étudiant les illustrations de Du Breuil sur l'utilisation des dispositifs de dessin perspectif, Duchamp prend conscience de l'importance de la fenêtre comme paradigme du concept pictural des temps modernes (ill. 5).

« Nous parlerons de "vision perspective" de l'espace », remarque Erwin Panofsky, « là et là seulement où l'artiste dépasse la simple représentation, en raccourci "d'objets singuliers", tels que meubles ou maisons, pour transformer selon l'expression d'un autre théoricien de la Renaissance [Leone Battista Alberti, HM] son tableau tout entier en une sorte de "fenêtre" par laquelle, comme l'artiste veut nous faire croire, notre regard plonge dans l'espace. [...] quand la surface [...] est niée

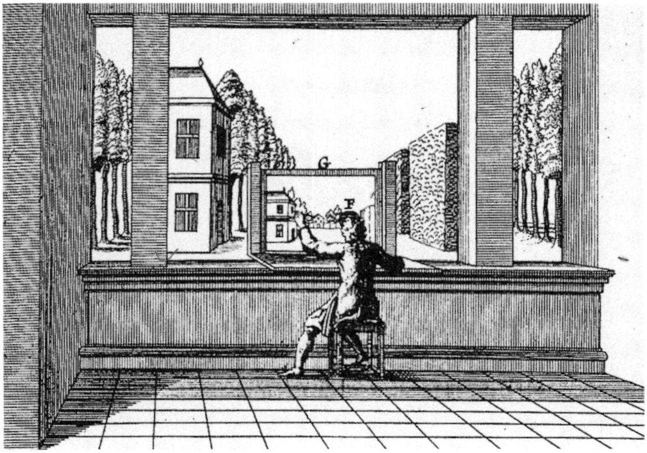

5 Jean du Breuil, Une très belle invention pour pratiquer la perspective, sans savoir, ni observer les règles, tiré de *La perspective pratique, nécessaire à tous les peintres...*, II, Paris[2] 1663, Paris, bibliothèque Sainte-Geneviève.

dans sa matérialité, et qu'elle se voit réduite à n'être plus qu'un simple "plan de tableau" sur lequel se projette un ensemble spatial perçu au travers de ce plan et intégrant tous les objets singuliers – la nature de cette projection, impression sensorielle immédiate de l'artiste ou construction géométrique plus ou moins "correcte" ne changent d'ailleurs rien à l'affaire[54]. » C'est en ce sens que Léonard de Vinci avait défini la peinture comme une « parete di vetro » (paroi de verre) : « La perspective n'est rien d'autre que la vision d'une scène derrière une vitre plane et bien transparente, sur laquelle on remarque tous les objets qui sont de l'autre côté de cette vitre ; ils peuvent être reliés par des pyramides avec le centre de l'œil ; et ces pyramides sont interceptées par ledit verre[55] » (ill. 6).

Duchamp, artiste peintre et penseur porté à la fois sur l'apparence concrète des choses et sur la pensée mathématique abstraite, a remarqué que le tableau perspectif ouvrait une sorte de fenêtre sur une réalité imaginaire mais en même

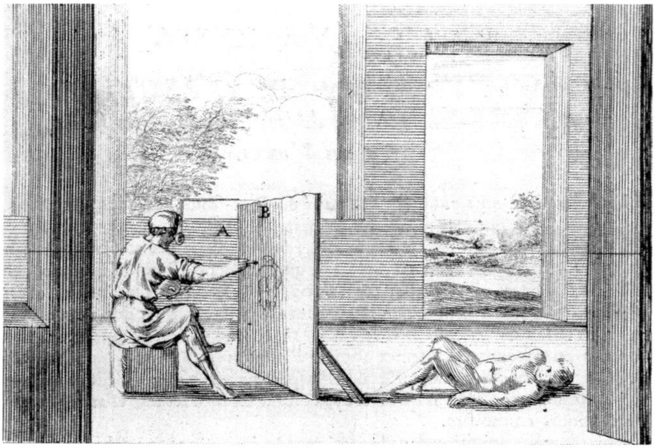

6 Jean du Breuil, Pour trouver le raccourcissement des figures qui doivent paraître droites sur des plats-fonds & voûtes, sans savoir, ni observer les règles de perspective, que naturellement, tiré de *La perspective pratique, nécessaire à tous les peintres…*, II, Paris[2] 1663, Paris, bibliothèque Sainte-Geneviève

temps obstruait le regard sur un espace réel immédiat. En choisissant le verre et non la toile comme surface de projection de son allégorique machine à aimer, il applique à la lettre la définition de la peinture formulée par Léonard de Vinci et matérialise, sous forme de paroi de verre réelle, le plan de coupe virtuel traversé par les rayons de la pyramide visuelle, plan invisible, qui est inhérent à tout tableau perspectif.

Un tableau montre toujours un autre espace que celui dans lequel se situe le spectateur. En substituant à la toile opaque la transparence du verre, Duchamp parvient à intégrer dans l'espace réel du spectateur l'espace imaginaire représenté sur le plan pictural. Le regard étant dirigé sur la paroi de verre ou la traversant, l'espace virtuel perspectif – et statique – figurant sur le plan pictural engage un dialogue avec les fractions d'espace tridimensionnelles sans cesse modifiées par les va-et-vient des spectateurs à l'avant et à l'arrière du plan pictural.

En même temps le spectateur peut, en jouant sur l'orientation de son regard, s'observer lui-même en train de regarder. De la sorte les spectateurs de part et d'autre du plan de coupe deviennent des composantes réelles du tableau.

A ce stade, Duchamp est manifestement persuadé d'avoir trouvé dans la paroi de verre un support pictural sensible en adéquation à la perception quadridimensionnelle. La paroi de verre en tant que corps ou espace infiniment mince correspond à l'« espace^3 médian » mentionné dans la note précitée, lequel est « *traversé instantanément* » par le regard quadridimensionnel qui « passera d'une partie à la seconde partie du continu à 4 dimensions ». Entre les réflexions sur l'espace quadridimensionnel et les spéculations sur « les mesures, les lignes droites, les courbes » qui préoccupent Duchamp dans ses travaux préparatoires au *Grand Verre*[56], surgit un ensemble de liens qui éclaire les relations entre les *3 Stoppages étalon* et la conception complexe de la *Mariée mise à nu par ses célibataires, même.*

« Dépersonnalisation » de la ligne

Au centre de la *Machine célibataire* projetée en perspective linéaire sur la moitié inférieure du *Grand Verre*, on distingue sur une petite table Louis XV un appareil imaginaire à trois rouleaux nommé *Broyeuse de chocolat* (ill. 4). Avant de la représenter sur verre, Duchamp en a fait diverses esquisses dans les années 1913-1914 puis deux études à l'huile sur grand format et enfin deux tableaux qui parachèvent ces travaux préliminaires[57].

La *Broyeuse de chocolat n° 1*, selon les données de Duchamp, est peinte en avril 1913[58], c'est la première peinture dans laquelle il abandonne la technique cubiste de décomposition de la forme au profit d'une figuration sobre et concrète de l'objet. Cette méthode picturale qu'il nomme « peinture de précision[59] » est dès lors déterminante pour tout le travail de la forme lié à l'élaboration du *Grand Verre*.

Dans le questionnaire du Museum of Modern Art déjà mentionné, Duchamp répond à la question de la « signification » des *3 Stoppages étalon* par la remarque suivante : « Part of reaction against "retinal" painting (peinture rétinienne). Broyeuse de chocolat – first step towards depersonalizing straight lines by tension of lead wire[60]. » La mention « tension of lead wire » se rapporte à la figuration sur le *Grand Verre* des contours de la *Broyeuse de chocolat* et des *Neuf moules mâlic* à l'aide de fils de plomb. Le concept de « dépersonnalisation de la ligne droite » sous-tend à la fois le processus de création des *3 Stoppages étalon* et la réalisation picturale de la *Broyeuse de chocolat* et des *Neuf moules mâlic*. Depuis l'exécution de ce tableau, Duchamp ne conçoit plus la ligne quant à sa valeur expressive, comme étant la traduction de l'état d'âme de l'artiste mais en tant que forme précise, définissant l'objet. Plus l'iconographie de Duchamp puise dans l'inconscient sexuel ou les pensées et émotions personnelles, plus il recourt pour les exprimer à des techniques impersonnelles. La *Broyeuse de chocolat*, lisons-nous dans les notes préparatoires au *Grand Verre*, doit obéir à l'« adage de spontanéité = Le célibataire broie son chocolat lui-même » dans lequel n'est guère dissimulée l'allusion aux inclinations des neuf mâles à l'onanisme[61]. Le problème formel auquel Duchamp se voit confronté en 1913 est d'opter pour une peinture figurative sans tomber dans le piège d'un académisme désuet. Sa réponse est le dessin mécanique : « A straight line drawn with a ruler instead of the hand, a line directed by the impersonality of the ruler. The young man was revolting against the old-fashioned tools, trying to add something that was never thought of by the fathers. [...] I unlearned to draw. The point was to forget *with my hand*[62]. » Soulignons cependant comme trait distinctif entre la *Broyeuse de chocolat* et les *3 Stoppages étalon* que dans le premier cas la dépersonnalisation de la ligne procède du langage formel qu'est le dessin mécanique[63] et que dans le second la dépersonnalisation de la ligne procède du hasard.

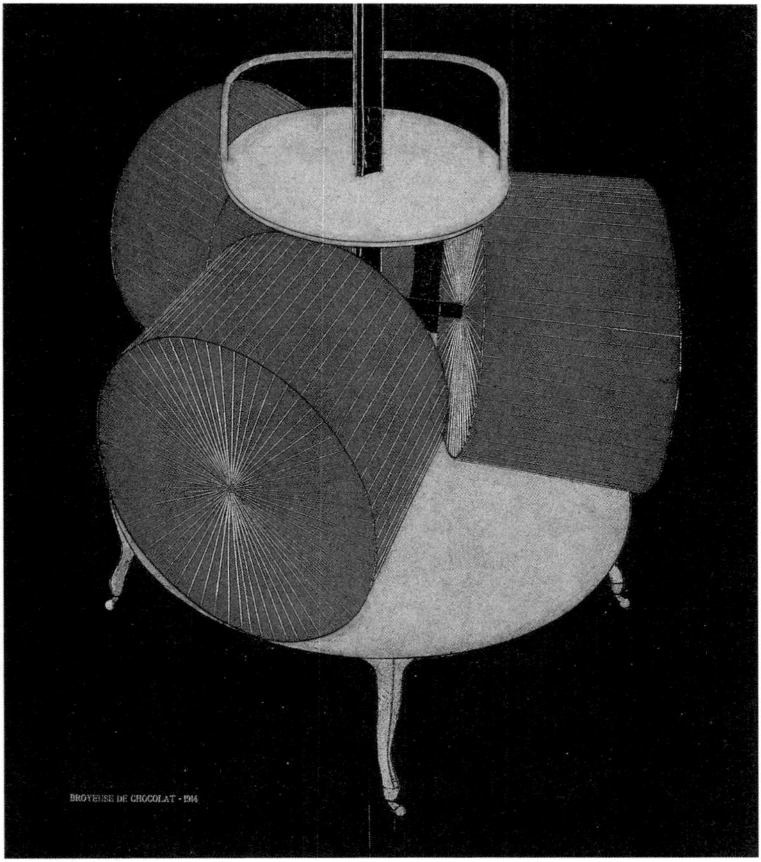

7 *Broyeuse de chocolat, n° 2*, 1914. Huile, fil, mine de plomb sur toile, 65 × 54 cm, Philadelphie, Philadelphia Museum of Art, coll. Louise et Walter Arensberg

Plus que la proximité conceptuelle entre les *Stoppages étalon* et le tableau *Broyeuse de chocolat n° 2* qui transparaît à travers les réponses au questionnaire, nous retiendrons la ressemblance matérielle de ces deux œuvres achevées en février 1914 (ill. 7). Les matériaux utilisés pour la confection des *Stoppages étalon* : toile, huile, vernis et fil à coudre sont exactement les mêmes

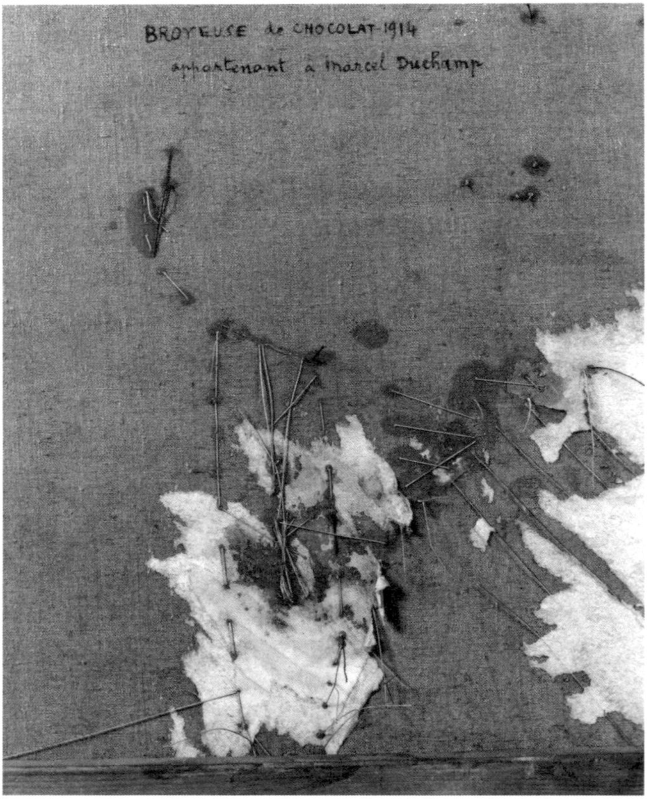

8 Dos du tableau *Broyeuse de chocolat, n° 2*, Philadelphie, Philadelphia Museum of Art, coll. Louise et Walter Arensberg

que ceux utilisés pour la *Broyeuse de chocolat*. Les lignes du tracé intérieur de la *Broyeuse de chocolat* sont comme pour les *Stoppages étalon* constituées de fils fixés sur la toile à l'aide de vernis et également cousus à travers la toile, afin d'exercer une tension de nature à obtenir d'exactes lignes droites (ill. 8). Les *3 Stoppages étalon* et le tableau *Broyeuse de chocolat n° 2* sont donc, semble-t-il, les composantes d'un seul et même projet artistique. Les toiles des deux œuvres sont peintes en bleu de

Prusse foncé très approchant – cette couleur est spécifiée pour l'arrière-plan du tableau dans une des notes précoces de Duchamp sur le *Grand Verre*[64]. Dans les deux cas le titre de l'œuvre est estampé en caractères or sur de petites étiquettes en cuir appliquées sur l'endroit des toiles, alors que l'envers présente le même type d'inscription : « Broyeuse de chocolat – 1914 / appartenant à Marcel Duchamp » dans le premier cas et « 3 Stoppages Étalon / appartenant à Marcel Duchamp / 1913-14 » dans le second. En d'autres termes, il s'agit des représentations d'un appareil et de trois mesures standard appartenant à l'imaginaire de Marcel Duchamp figuré par le monde du *Grand Verre*[65].

L'identité entre les couleurs, les matériaux et les méthodes d'élaboration de ces deux œuvres suggère que la réalisation des *3 Stoppages étalon* se situe à une date très proche de celle de la *Broyeuse de chocolat n° 2*, à savoir le printemps 1914. Il en va de même de la note datée figurant dans la *Boîte verte* : « 3 Stoppages étalon. Du hasard en conserve. 1914[66] ». Il n'est pas exclu que la mention de l'année 1913 dans la date « 1913-14 » n'évoque que le moment où Duchamp a commencé à réfléchir au statut de la ligne droite dans le système euclidien de la représentation perspectiviste, réflexions qui aboutissent à « l'idée de la fabrication » des *3 Stoppages étalon*.

Le fil, matérialisation du rayon visuel

La *Broyeuse de chocolat* est le premier motif du *Grand Verre*, pour lequel Duchamp s'est livré à de complexes « constructions perspectivistes[67] ». Comme il n'a suivi que brièvement les cours de préparation au concours d'entrée à l'École des beaux-arts dans une école d'art privée sans jouir d'une formation académique, Duchamp n'est pas très versé dans la technique du dessin perspectif. Ses études des traités de perspective à la bibliothèque Sainte-Geneviève n'ont pas seulement répondu à un besoin théorique mais également à un intérêt pratique de

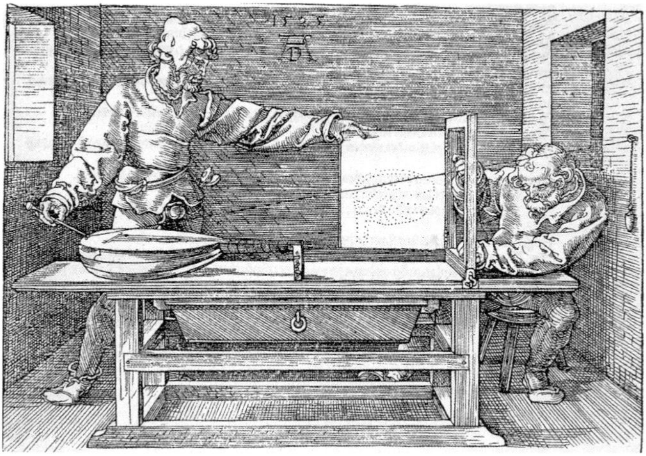

9 Albrecht Dürer, Le dessinateur du luth, tiré de : *Instructions pour la mesure, à la règle et au compas, des lignes, plans et corps solides*, Nuremberg, 1525

sa part. En étudiant le traité d'Albrecht Dürer *Instructions pour la mesure, à la règle et au compas, des lignes, plans et corps solides* de 1525, il a certainement remarqué l'illustration montrant un peintre et son apprenti se servant d'un dispositif de perspective dont l'utilisation est recommandée dans la plupart des traités de perspective des XVIe et XVIIe siècles[68] (ill. 9). Cet appareil de dessin perspectif se compose d'un petit cadre muni d'un portillon faisant fonction de plan pictural. Partant d'un clou au mur qui marque le point de vision, un fil figurant le rayon visuel s'étend jusqu'aux contours du luth devant être représentés. Les points auxquels le rayon visuel coupe le plan pictural sont fixés à l'intérieur du cadre par deux fils amovibles, l'un horizontal, l'autre vertical, et sont successivement rapportés sur le papier à dessin jusqu'à faire apparaître point par point le schéma raccourci des contours du luth.

Nous entendons dans ce qui suit citer intégralement la description que donne Dürer de son dispositif perspectif car elle illustre bien le champ d'idées dont découle l'approche de

Duchamp lorsqu'il recourt au fil pour peindre ou plutôt « fabriquer » ses tableaux. « *A l'aide de trois fils tu peux projeter dans un plan et dessiner sur un tableau tout objet que tu peux atteindre par ces fils* [souligné par l'auteur]. Procède comme suit. Si tu te trouves dans une salle, enfonce une aiguille au chas très vaste, spécialement conçue à cet effet, dans un mur. Elle jouera le rôle de l'œil. Fais-y passer un fil solide et suspends un poids en plomb à une de ses extrémités. Dispose ensuite une table ou un tableau à une distance arbitraire du chas de l'aiguille où se trouve le fil. Places-y un cadre vertical, transversal par rapport au chas de l'aiguille (ou œil), plus haut ou plus bas, et du côté voulu. Dans ce cadre se trouvera un portillon qui s'ouvre et se ferme. Ce portillon sera le tableau sur lequel tu peindras. Fixe ensuite par des clous deux fils qui ont des longueurs respectivement égales à la longueur et à la largeur du cadre, l'un au milieu de la traverse supérieure, l'autre au milieu d'un montant, puis laisse-les pendre librement. Prépare ensuite une longue pointe en fer avec un chas dans son extrémité pointue, par lequel tu feras passer le fil long passant déjà par l'aiguille fixée au mur. Amène la pointe avec le fil long dans le cadre et au-delà, et remets-la à quelqu'un d'autre, alors que toi tu t'occuperas des deux autres fils fixés au cadre. Utilise ce dispositif comme suit. Pose le luth ou tout autre objet qui te plaît à la distance voulue du cadre et veille à ce qu'il ne bouge point pendant le temps dont tu en as besoin. Demande à ton compagnon de maintenir tendu le fil en passant par l'aiguille et de l'amener sur les principaux points du luth. Dès qu'il s'arrête sur un point et tend le fil, amène les deux fils fixés au cadre, tendus, à se croiser avec le fil long. Attache leurs extrémités avec de la cire au cadre ; ordonne à ton compagnon de ne plus tendre le fil long. Ferme alors le portillon et reporte sur le tableau le point où les deux points se croisent. Rouvre le portillon et procède de même pour un autre point et ainsi de suite jusqu'à ce que le luth apparaisse en pointillé sur le tableau. Joins par des lignes tous ces points que tu as obtenus à partir du luth sur le

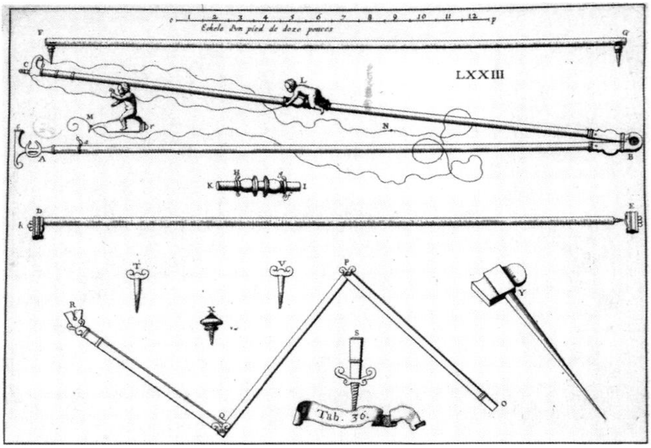

10 Ludovico Cigoli, Dispositif de dessin perspectif, tiré de Jean-François Nicéron : *La Perspective curieuse*, Paris 1652, Planche 73. Paris, Bibliothèque nationale de France

tableau, et tu verras ce qui adviendra. De la même façon tu pourras reproduire d'autres objets[69]. »

Eu égard aux tableaux à trois fils de Duchamp, soulignons que dans le dispositif perspectif de Dürer le fil remplace le rayon visuel[70] et, à en croire le grand peintre allemand de la Renaissance, le mystère du dessin perspectif réside dans ces trois fils (« à l'aide de trois fils tu peux projeter dans un plan et dessiner sur un tableau tout objet que tu peux atteindre par ces fils[71] »). Le peintre florentin Lodovico Cigoli (1559-1613), qui était très lié à Galilée, a poussé plus loin ce principe en développant un dispositif de dessin perspectif plus sophistiqué fait d'un ingénieux système de fils et d'instruments de visée mobiles[72]. Ce dispositif mécanique figure sous forme de trois illustrations dans le traité de 1646 *Thaumaturgus opticus* de Jean-François Nicéron que Duchamp mentionne expressément dans ses notes préparatoires au *Grand Verre*[73] (ill. 10 et 11). C'est précisément ce principe décrit dans les traités classiques de perspective, consistant à concrétiser par des fils – à

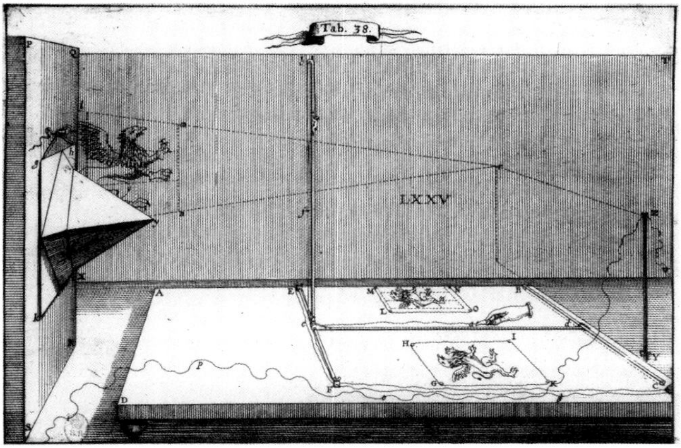

11 Ludovico Cigoli, Dispositif de dessin perspectif, tiré de Jean-François Nicéron: *La Perspective curieuse*, Paris 1652, Planche 75. Paris, Bibliothèque nationale de France

l'aide des dispositifs perspectifs – les rayons virtuels de la pyramide visuelle qui semble avoir inspiré Duchamp. Idée absurde au premier abord ? Toujours est-il que dans sa version définitive de la *Broyeuse de chocolat* (ill. 7), Duchamp a matérialisé par des fils le tracé extérieur et intérieur des rouleaux de la broyeuse : « Remplacer (ensuite) chaque trait par un fil blanc ou de couleur – collé au vernis à la place des traits au crayon », lit-on dans une de ses notes[74]. Ce qui veut dire : dans un premier temps, suppression de cette masse, ou est-ce un fluide de couleur chocolat au lait foncé qui figure sous la petite table Louis XV dans la première version du tableau et évoque une ombre portée ou une coulée de chocolat, puis dans un deuxième temps, exécution à l'aide de fils d'un dessin reconstruisant l'objet. Par cette approche, Duchamp nie tout élément fonctionnel et expressif de l'objet à représenter et fait de la peinture elle-même un élément d'autoréflexion, et ce non sans une bonne portion d'humour. Le traité de perspective de Du Breuil, *La perspective nécessaire à tous les peintres...* que Duchamp a tout autant approfondi que les ouvrages de Dürer et de Nicéron, ne s'adresse pas seulement aux peintres mais aussi aux brodeurs, comme le montre le titre intégral de l'ouvrage, *La perspective nécessaire à tous les peintres, graveurs, sculpteurs, architectes, orfèvres, brodeurs, tapissiers, et autres qui se meslent à dessiner par un religieux de la Compagnie de Jésus*[75]. Aussi est-ce précisément en brodeur que Duchamp se fait photographier en 1914, œuvrant à son tableau *Broyeuse de chocolat n° 2*, portrait qu'il remet un an plus tard à la revue *Literary Digest* où il est publié (ill. 12).

Le fil intervient également dans l'un des plus célèbres dispositifs perspectifs remontant à Leon Battista Alberti[76], utilisant un voile à trame peu serrée. Du Breuil le présente dans son traité *La perspective nécessaire à tous les peintres...* à côté du dispositif de la vitre « comme une autre belle invention pour pratiquer la perspective sans le scauvoir[77] » (ill. 15). L'œil ajusté à un point fixe, le peintre observe la scène qu'il veut représenter à travers le dispositif du voile à trame peu serrée tendu sur un cadre. Dans chaque carreau de la feuille quadrillée qu'il a devant lui, il reporte les portions de la scène telles qu'elles lui apparaissent à travers les maillages décrits par les fils du voile. C'est ce dispositif perspectif qui incite Duchamp en 1914 à une autre expérience picturale : les *Pistons de courant d'air* dont il est question au chapitre suivant. La plus célèbre illustration de ce dispositif, la gravure sur bois intitulée « Méthode pour dessiner un nu » figurant au second tirage des *Instructions pour la mesure, à la règle et au compas, des lignes, plans et corps solides* de Dürer, tirage posthume de 1538, a suscité maints débats dans le cadre de l'interprétation de la dernière œuvre duchampienne, le grand « théâtre optique » *Étant donnés : 1° la chute d'eau 2° le gaz d'éclairage* (1946-1966) exposé au Philadelphia Museum of Art[78].

L'idée consistant à concrétiser à l'aide de fils réels la représentation perspectiviste des rouleaux de la *Broyeuse de chocolat* s'inscrit tout à fait dans l'approche générale de la perspective linéaire qui préside à la construction du tableau *La Mariée*

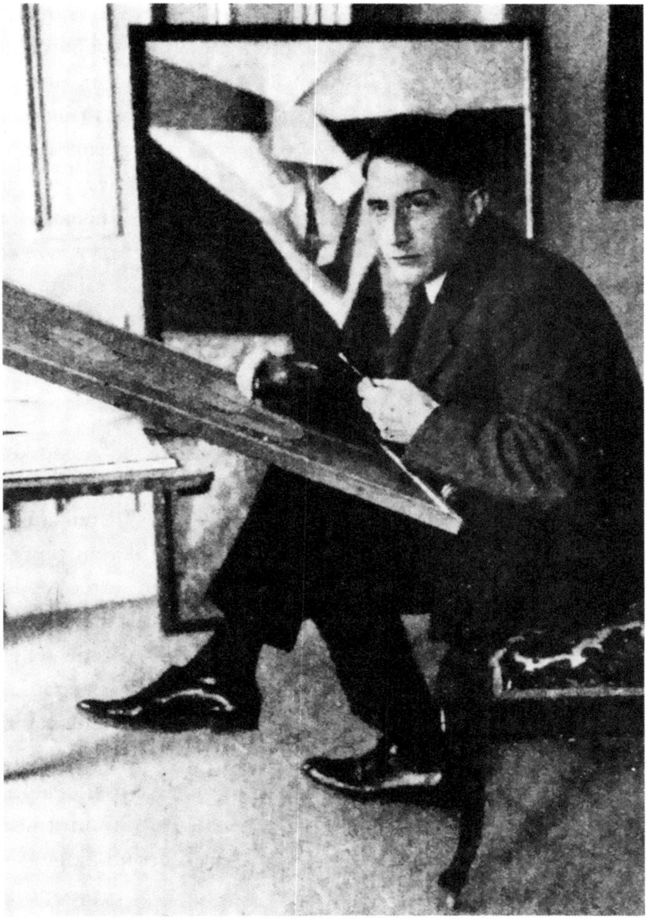

12 « Another Invader, Marcel Duchamp », tiré de « The European Art Invasion », *Literary Digest*, 27 novembre 1915, p. 126

mise à nu par ses célibataires, même. Le principe de projection perspectiviste de l'espace tridimensionnel sur un plan bidimensionnel n'est plus pour Duchamp un outil scientifique incontesté. Il l'applique dans ses esquisses, ses dessins, ses tableaux préliminaires telle la *Broyeuse de chocolat* et rend visible les réflexions géométriques et optiques dont il procède. Dans les traités de perspective classique, les rayons visuels sont représentés comme s'ils existaient réellement ; dans les dispositifs de dessin perspectif, ils sont même matérialisés sous forme de fils. Or, en réalité, le rayon visuel n'est qu'une métaphore qui repose sur la théorie selon laquelle la lumière se répand de manière rectiligne. La relation qu'entretient Duchamp en 1913-1914 avec la perspective linéaire est non seulement une relation pratique mais également critique et ambiguë. Tout comme il matérialise par la « parete di vetro » de son *Grand Verre* la coupe plane virtuelle de la pyramide visuelle inhérente à toute représentation perspectiviste, c'est également par des fils réels qu'il figure matériellement les droites de la pyramide visuelle sur les pans de toile des *3 Stoppages étalon*.

Au moment où l'illusionnisme de la « perspectiva artificialis[79] » en vient à poser problème à la génération des artistes autour des années 1910[80], les cubistes, et avant tout Picasso et Braque, le résolvent en développant des moyens picturaux aptes à suggérer une sensation d'espace et de volumes sans recourir à la construction d'un espace géométrique. Duchamp réagit à sa manière à ce problème : moins par des considérations picturales que par des réflexions scientifiques ou analytiques. Il dé-construit le dispositif technique fondé sur la géométrie et l'optique euclidiennes qui sous-tend le concept pictural européen depuis la Renaissance, pour intégrer ses éléments constitutifs dans le modèle spatial des nouvelles géométries pluridimensionnelles[81]. Depuis les *3 Stoppages étalon* et les études préparatoires au *Grand Verre*, suivis des « fenêtres » de 1920 et 1921 (*Fresh Widow* et *La Bagarre d'Austerlitz*)[82] jusqu'à sa dernière création, la grande « boîte à perspective » *Étant donnés : 1° la chute d'eau 2° le gaz d'éclairage*, l'œuvre de Duchamp peut être lue comme une confrontation avec les principes de représentation de la géométrie et de l'optique euclidiennes sous les conditions de la géométrie non euclidienne et de la géométrie à quatre dimensions. « Le verre m'intéressait beaucoup comme soutien à cause de sa transparence [...] En plus, la perspective était très importante. *Le Grand Verre* constitue une réhabilitation de la perspective qui avait été complètement ignorée, décriée », déclare Duchamp dans ses entretiens avec Pierre Cabanne. « La perspective chez moi, devenait absolument scientifique. Ce n'était plus la perspective réaliste, illusionniste mais une perspective mathématique, scientifique [...] basée sur la théorie des dimensions[83]. »

Dans la *Boîte de 1914* figure outre « l'idée de la fabrication » des *3 Stoppages étalon* la note suivante relative à la perspective : « La perspective linéaire est un bon moyen pour représenter diversement des égalités ; c'est-à-dire que l'équivalent, le semblable (homothétique) et l'égal se confondent, en symétrie perspective[84]. » L'idée en est que, dans la projection en perspective linéaire, tous les points sont homologues, c'est-à-dire que les formes d'un même objet dont les dimensions apparentes varient avec la distance par rapport à l'objet sont coïncidentes par rapport à un point de vue fixe. Cela tient au fait que les variations de forme au sein du système perspectif sont soumises à de strictes contraintes. C'est à ces contraintes fixées par les conventions que Duchamp fait allusion dans une autre note, de la *Boîte verte* cette fois-ci, relevant d'un même contexte de réflexion : « Par la perspective (ou tout autre moyen conventionnel, canons...) les lignes, le dessin sont *"forcés"* et perdent l'à-peu-près du "toujours possible" avec en plus l'ironie d'avoir *choisi* le corps ou l'objet primitif qui *devient inévitablement* selon cette perspective (ou autre convention)[85] », c'est-à-dire, en d'autres termes, qu'il prend la forme que lui impose le système extérieur. Par les *3 Stoppages étalon*, Duchamp tente de redonner aux lignes, au dessin, « l'à peu près du "toujours possible" » en matérialisant par des fils les droites de la géométrie projective et en les soumettant à une expérience relevant du monde physique. Est-ce par pure intuition ou par l'étude des traités de perspective que Duchamp a cerné, avec ses *3 Stoppages étalon*, le rapport actualisé entre la figuration perspective et la « mesure du monde », les sources ne l'attestent pas de manière précise. Mais ce rapport remonte aux débuts historiques de la perspective. Ainsi les peintres de l'époque de Dürer à Nuremberg élisent-ils le mot « mesure » comme équivalent du terme latin « perspectiva »[86].

Est-ce un hasard – un fil tombant soudain à terre pendant qu'il œuvre à sa *Broyeuse de chocolat n° 2* – qui donne à Duchamp l'idée de soumettre aux effets de la pesanteur une figure idéale, à savoir la droite géométrique, et de consigner les résultats de cette triple chute dans l'espace réel à trois dimensions sur le plan horizontal ? Interrogé par Katharine Kuh sur les rapports entre le hasard et le travail ciblé dans son œuvre, Duchamp répond en ces termes : « My first accidental experience (what we commonly call chance) happened with the Three Stoppages, and [...] was a great experience. The idea of letting a piece of thread fall on a canvas was accidental, but from this accident came a carefully planned work. Most important was the accepting and recognizing of this accidental stimulation. Many of my highly organized works were initially suggested by just chance encounters[87]. » De la simple observation d'un fil se déformant dans sa chute est donc née une expérience artistique d'une grande simplicité sous sa forme extérieure mais d'une grande complexité intellectuelle : elle implique l'axiome de la géométrie euclidienne « La droite est le plus court chemin d'un point à un autre » tout comme certains théorèmes de la géométrie non euclidienne ainsi que les idées sur la relativité du mètre étalon, la plus célèbre mesure standard internationale.

III. Les *3 Stoppages étalon* comme tableaux

Ligne et pesanteur – La « rephysicalisation » de la droite idéale

Aujourd'hui les *3 Stoppages étalon* ainsi que les règles en bois découpées selon les courbes des lignes se présentent au Museum of Modern Art comme les instruments et le protocole d'un schéma expérimental scientifique (ill. 13). Nombre d'indices cependant suggèrent que les *3 Stoppages étalon* ont été à l'origine conçus comme tableaux et non comme « objet » ou « assemblage ».

Rhonda R. Shearer et Stephen J. Gould ont avancé dans un article publié en 1999 la thèse selon laquelle Duchamp, contrairement au *modus operandi* explicité dans « l'idée de la fabrication », n'aurait pas laissé le hasard décider de la chute des fils mais l'aurait artificiellement provoqué. Ces auteurs tirent leur conclusion d'une part du fait que les fils apparaissent à l'envers de la toile et que leur longueur est donc supérieure à un mètre, et d'autre part de la supposition que les fils seraient trop fins, trop légers pour tomber de manière si régulière, engendrant des « pathways [...] quite regular and appealing in their gradual and limited meandering. [...] Light string just will not fall into such a regular pattern. [...] Duchamp followed a procedure quite contrary (both in actual action and implied significance with respect to the role of chance) to his stated protocol to make the original object now on display[88] ». Ils vont même jusqu'à douter que Duchamp ait jamais fait l'expérience, et remettent ainsi en question que les lignes résultant des chutes successives des fils des *3 Stoppages étalon* relèvent du hasard. « Obviously Duchamp made the pathways purposefully by sewing – that is, he sewed through the obverse, left a meter of string on the recto side, and then sewed back through to the obverse. He could then put tension on the string by holding both of the obverse ends and [...] produce any pattern of his own choice on the recto side[89]. »

Cette argumentation ne s'impose nullement sur le plan technique. Si l'on durcit un fil retors fin en le passant au bloc de cire d'abeille – méthode employée par les relieurs et les tailleurs spécialistes du cuir – et qu'on réalise l'expérience de la chute des fils décrite par Duchamp, on obtient une incurvation peu prononcée, semblable à celle des *3 Stoppages étalon*[90]. Une chose est certaine : Duchamp n'a pas utilisé trois fils d'un mètre de long mais trois fils de 106 à 113 cm de long. En d'autres termes, il a pris la décision, avant la « fabrication » des *3 Stoppages étalon*, de coudre les fils à travers la toile et d'en fixer les extrémités à l'aide de vernis à l'envers de la toile. Il s'est probablement rendu compte en exécutant son tableau *Broyeuse de chocolat n° 2* qu'il était difficile, voire impossible, de fixer correctement sur la toile à l'aide de vernis les fils incurvés par la chute. C'est pourquoi, après avoir marqué la trajectoire de chaque fil à l'endroit de la toile peinte en bleu de Prusse, il a cousu les extrémités des fils à travers la toile, les a fixées à l'envers de la toile, pour mieux fixer ensuite les fils d'une touche de vernis le long de la trajectoire marquée à l'endroit de la toile. Notons cependant que seule une étude technique exacte des œuvres au Museum of Modern Art permettra de connaître avec précision le procédé utilisé pour la fabrication des stoppages étalon. Pour l'instant, ces réflexions d'ordre technique viennent réfuter la thèse de Ronda R. Shearer et Stephen J. Gould, de même que le raisonnement dont découlent les *3 Stoppages étalon* et la place qu'ils occupent dans l'évolution de l'œuvre picturale de Duchamp comme nous le verrons dans ce qui suit.

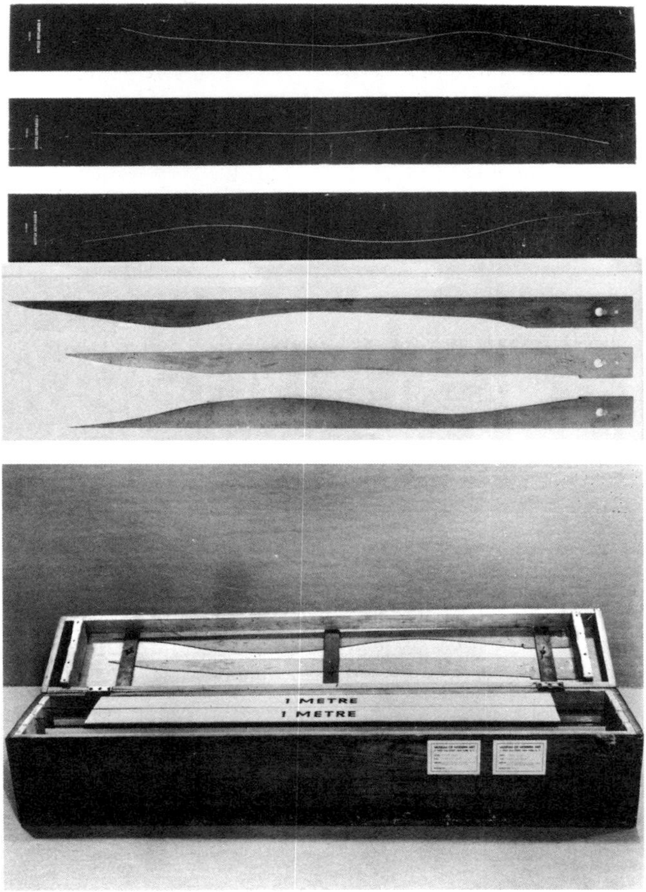

13 *3 Stoppages étalon*, 1913-14. Trois fils d'un mètre fixés sur des bandes de toile (120 × 13,3 cm) collées sur verre (125,4 × 18,3 cm) ; trois règles à tracer en bois, deux barres d'un mètre en bois, dans un coffret en bois (129,2 × 28 × 23 cm), New York, Museum of Modern Art, legs de Katherine S. Dreier, 1953

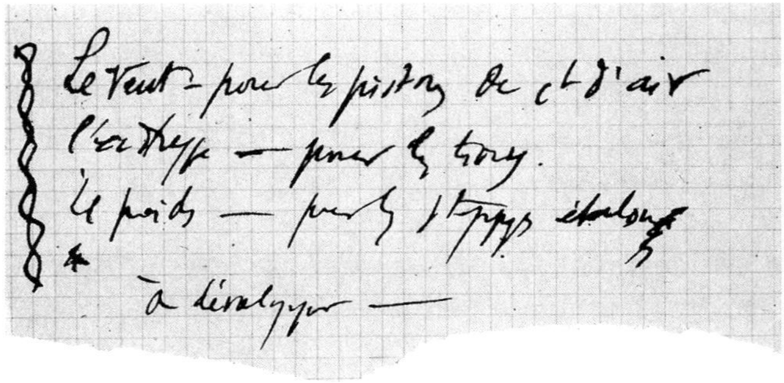

14 Note « Le vent pour les pistons de c^{t} d'air » de Marcel Duchamp : *La Mariée mise à nu par ses célibataires, même (La Boîte verte)*, Paris 1934

Dans la recherche duchampienne, il est admis que dans les années 1913 et 1914 l'artiste a eu recours au hasard dans nombre de ses œuvres et notes afin de retirer tout caractère personnel à ses décisions formelles. Même Shearer et Gould ne le contestent pas. Le hasard est l'idée fondatrice du monde hypothétique du *Grand Verre*. C'est lui qui détermine la géométrie événementielle du domaine de la *Mariée* et de la *Machine célibataire*. Le hasard y est trois fois présent, sous forme d'opérations sur un triple plan : celui du point, de la ligne et de la surface. « Le vent – pour les pistons de ct. d'air / l'adresse – pour les trous / le poids – pour les stoppages étalon / A développer », lit-on sur une note de la *Boîte verte*[91] (ill. 14).

Les positions des *Neuf tirés* sont des trous réels percés dans la partie supérieure du tableau en verre au-dessous de l'*Auréole de la mariée*, qui marquent l'endroit où le désir sexuel des *Neuf moules mâlic* « traverse » le *Domaine de la Mariée*. Or, ces *Neuf tirés* sont des « produits du hasard » : Duchamp leur a donné forme en tirant neuf coups à l'aide d'un jeu d'enfant, un petit canon miniature projetant des allumettes dont l'extrémité avait été enduite de peinture. Leur configuration ne relève donc pas d'une question de goût comme dans la einture mais d'un jeu d'adresse, le « but » pouvant être comparé au point de fuite en perspective[92]. La « figure obtenue sera la projection (d'adresse) des principaux points d'un corps 3 dimsl. Par le maximum d'adresse, cette projection se réduirait à un point (le but) », lit-on dans une de ses notes[93]. Une note de la *Boîte de 1914*, qui propose de considérer le « jeu de tonneau » affectionné dans les fêtes populaires comme une « *sculpture d'adresse* », procède du même cheminement de pensée. Le jeu consiste à placer de petits disques de métal dans des cibles numérotées. « Il faut enregistrer (photographiquement) 3 performances successives », note Duchamp à l'époque[94].

Les contours des « trois pistons de courant d'air » traversant la Voie lactée sur le haut du *Grand Verre* font écho aux épigraphes sur les images de madone du Moyen Age (ill. 4), ils ont pour mission de transmettre les « commandements » de la *Mariée* aux *Célibataires* de la région du bas[95]. Là aussi, il s'est agi d'exposer une figure géométrique aux effets du hasard afin que les formes se constituent indépendamment de tout caractère intentionnel de la part de l'artiste. Le matériau est un fragment de voile de forme carrée rappelant le voile à trame peu serrée dont se servaient les artistes de la Renaissance et du Baroque pour dessiner les déformations perspectives des objets picturaux (ill. 15). Duchamp a tendu ce carré de voile sous une lucarne ouverte et en a consigné les déformations sous l'effet du courant d'air dans trois photographies successives (ill. 16). « I wanted to register the changes in the surface of that square, and use in my Glass *the curves of the lines distorted by the wind* [souligné par l'auteur]. So I used a gauze which has natural straight lines. When at rest, the gauze was perfectly square – like a chessboard – and the lines perfectly straight – as it is the case in graph paper. I took the pictures when the gauze was moving in the draft to obtain the required distortion of the mesh[96]. » Les formes des *Trois pistons de courant d'air* ont été fixées à partir de trois instantanés photographiques, à la manière du jeu de tonneau dont

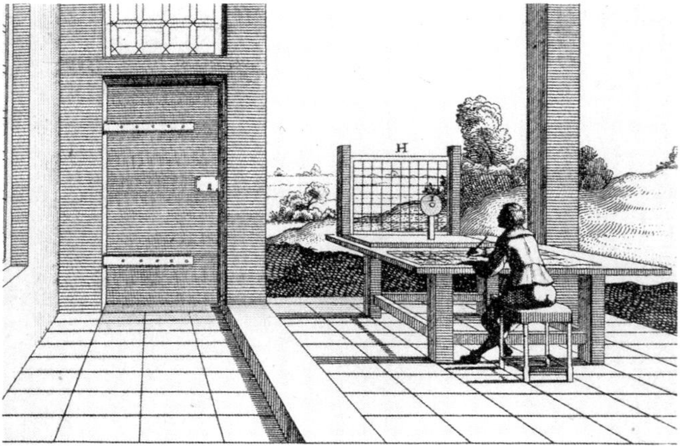

15 Jean du Breuil, Une autre belle invention pour pratiquer la perspective sans le scauvoir, tiré de *La perspective pratique, nécessaire à tous les peintres*…, II, Paris[2] 1663, Paris, bibliothèque Sainte-Geneviève

Duchamp avait prévu de capter trois instants successifs. Les agrandissements des trois photographies ont servi ensuite de modèles pour le dessin sur le verre[97].

Sur le plan de la ligne devait intervenir la pesanteur : « Le poids – pour les stoppages étalon », lit-on dans la légende précitée. Diverses notes témoignent des spéculations de Duchamp à propos de la pesanteur et de son rôle dans la perception perspectiviste de l'espace. « Gravité et "longitude" dans les tableaux », tel est le titre d'une des notes de l'artiste, portant au verso la date 1912/13, c'est-à-dire juste avant qu'il formule « l'idée de la fabrication » des *3 Stoppages étalon*[98].

Sous la forme d'une table de bistrot sur laquelle roule la balle d'un jongleur, Duchamp a en 1914 esquissé la silhouette d'un *Soigneur de gravité* qu'il a également nommé *Jongleur de centre de gravité*[99] ; c'est ce personnage qui dans le *Grand Verre* danse sur la ligne d'horizon, reliant par là les domaines de la *Mariée* et des *Célibataires*. L'invention d'un *Soigneur de gravité* est une réaction à la crise linguistique qui affecte les sciences

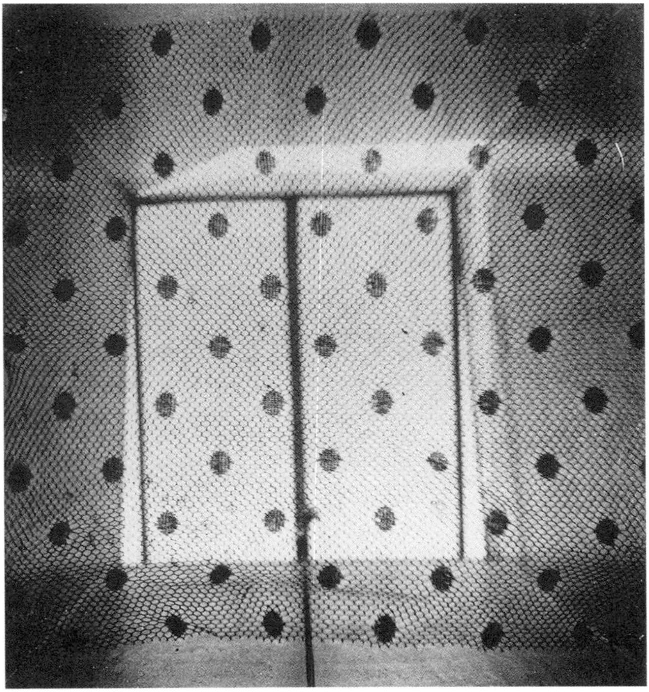

16 *Pistons de Courant d'air*, épreuve sur sels d'argent, 59,5 × 49,3 cm, Philadelphie, Philadelphia Museum of Art, don d'Alexina Duchamp, 1991

physiques au tournant du siècle lorsque les concepts de la mécanique classique se voient ébranlés par les découvertes relatives à la structure subatomique ; les physiciens d'alors ne savent pas encore comment décrire les processus énergétiques dans cette science nouvelle. Lisons Poincaré : « Ai-je besoin de faire observer que la chute du principe de Lavoisier entraîne celle du principe de Newton. Ce dernier signifie que le centre de gravité d'un système isolé se meut en ligne droite ; mais s'il n'a plus de masse constante, il n'y a plus de centre de gravité, on ne sait même plus ce que c'est[100]. » L'exposition « Le Surréalisme en 1947 », conçue par André

Breton avec l'aide de Marcel Duchamp (et Frederick Kiesler) pour le design à la galerie Maeght à Paris, établit un lien direct entre le *Soigneur de gravité* et les *3 Stoppages étalon*. L'idée de Breton est alors de dresser dans douze alvéoles octogonales un « autel » à l'effigie de douze figures mythiques du moderne, dont l'une est le *Soigneur de gravité* (ill. 17) qui, n'ayant pas été transposé sur le *Grand Verre,* n'existe que sous forme d'esquisse[101]. Dans l'alvéole aux parois noires consacrée au *Soigneur de gravité* se dresse, en équilibre sur un pied, la table de bistrot sur laquelle roule une balle de jongleur ; l'autel porte le sceau des *3 Stoppages étalon* : à l'une des parois latérales est accroché un agrandissement de la note de la *Boîte verte* avec « l'idée de la fabrication » ; sur la paroi supérieure sont tendus, au premier plan, des fils de l'épaisseur d'une ficelle mesurant vraisemblablement un mètre de long[102], et au même premier plan, sur la paroi inférieure gisent au sol trois ficelles ondulées. Il ne fait aucun doute que l'idée de compléter la figure du *Soigneur de gravité* par les *3 Stoppages étalon* ne vient ni de Roberto et Patricia Matta, mentionnés dans le catalogue comme les constructeurs de l'autel, ni de Frédéric Delanglade, mais bien de Duchamp lui-même[103].

Lorsque son beau-fils Paul Matisse lui demande en 1963 de lui expliquer les mystérieux *3 Stoppages étalon* dont il a entendu parler sans les avoir jamais vus, Marcel Duchamp souligne dans sa réponse l'importance pour cette pseudo-expérience de la pesanteur et de l'espace physique : « C'était moins une nouvelle distance *droite* entre les 2 ends (*sic*) du fil déformé par la chute que le mètre en se déformant par la chute (d'un mètre) "absorbe" la troisième dimension et la ligne droite devient ligne courbe sans toutefois perdre son titre de noblesse : le mètre [...]. Indirectement cette action invalide "irrationnellement" le concept du "plus court chemin d'un point à un autre" (définition classique de la ligne droite)[104]. »

La démarche expérimentale visant à créer pour le *Grand Verre* des formes de représentation sur le plan du point, de la

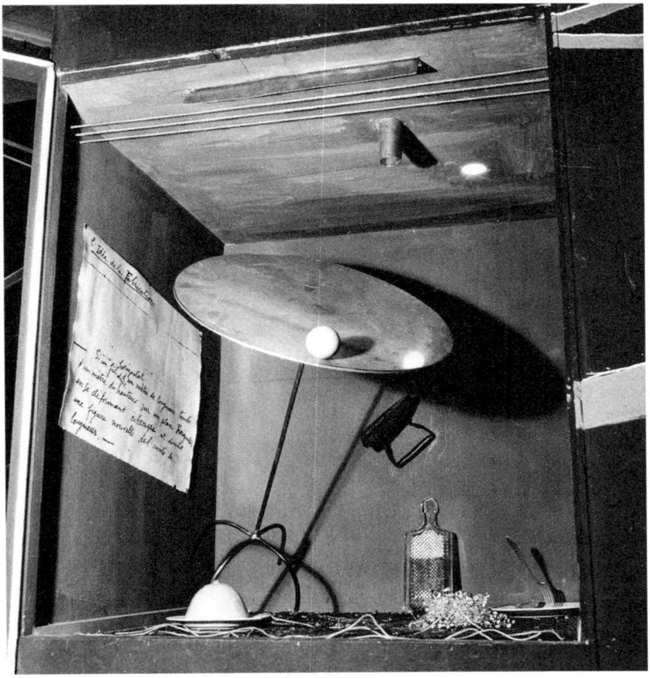

17 « Autel » du *Soigneur de gravité* dans l'exposition « Le Surréalisme en 1947 », Paris, Galerie Maeght, 1947. Photo : Denise Bellon

ligne et de la surface découle d'un principe directeur : transposer dans le monde de la physique les concepts idéaux de la géométrie et de la pensée pure, ce qui revient pour Duchamp à soumettre axiomes, définitions et figures au test de la réalité, et ce, de manière humoristique et irrationnelle. Il est certain que cette approche elle aussi obéit au principe de distraction ou d'amusement que Duchamp qualifie d'important pour toutes ses recherches artistiques à partir de 1913, mais ce plaisir s'inspire bel et bien des réflexions sérieuses du plus grand mathématicien français de l'époque. Poincaré souligne en effet expressément dans son livre *La Science et l'Hypothèse* que la géométrie n'est pas une science expérimentale et que, partant, lorsqu'on parle d'un objet mathématique, le mot « existence » n'a pas le même sens que lorsqu'on parle d'un objet matériel : « Un être mathématique existe, pourvu que sa définition n'implique pas contradiction, soit en elle-même, soit avec les propositions antérieurement admises[105]. » Pourtant, dans toutes les conclusions géométriques, on raisonne comme si les figures géométriques se comportaient comme des corps solides. Comment prouver par exemple l'égalité de deux figures ? « Deux figures sont égales », écrit Poincaré afin d'illustrer la géométrie non euclidienne, « quand on peut les superposer ; pour les superposer il faut déplacer l'une d'elles jusqu'à ce qu'elle coïncide avec l'autre ; mais comment faut-il la déplacer ? Si nous le demandions, on nous répondrait sans doute *qu'on doit le faire sans la déformer et à la façon d'un solide invariable* [souligné par l'auteur]. Le cercle vicieux serait alors évident[106]. » C'est précisément ce cercle vicieux que Duchamp choisit pour fonder ses expériences. En transformant la figure idéale qu'est la droite géométrique en un corps, à savoir un fil, et en faisant en sorte que la droite idéale se meuve dans l'espace physique, il aboutit au résultat attendu : la déformation de la droite idéale.

Dans le paragraphe « De la nature des axiomes » sur lequel s'achève le chapitre « Les géométries non euclidiennes », Poincaré pose la question de savoir si la géométrie est falsifiable et si le système métrique est juste. Pour infirmer l'hypothèse selon laquelle les axiomes seraient des vérités expérimentales, il écrit : « *Mais on n'expérimente pas sur des droites ou des circonférences idéales* [souligné par l'auteur] ; on ne peut le faire que sur des objets matériels. Sur quoi porteraient donc les expériences qui serviraient de fondement à la géométrie ? La réponse est facile. Nous avons dit plus haut [au sujet de la définition de l'égalité de deux figures, HM] que l'on raisonne constamment comme si les figures géométriques se comportaient à la manière des solides. Ce que la géométrie emprunterait à l'expérience, ce seraient donc les propriétés de ces corps. Les propriétés de la lumière et sa propagation rectiligne ont été aussi l'occasion d'où sont sorties quelques-unes des propositions de la géométrie, en particulier celles de la géométrie projective, de sorte qu'à ce point de vue on serait tenté de dire que la géométrie métrique est l'étude des solides et la géométrie projective est celle de la lumière. Mais une difficulté subsiste, et elle est insurmontable. Si la géométrie était une science expérimentale, elle ne serait pas une science exacte, elle serait soumise à une continuelle révision. Que dis-je, elle serait dès aujourd'hui convaincue d'erreur puisque nous savons qu'il n'existe pas de solide rigoureusement invariable. *Les axiomes géométriques ne sont donc ni des jugements synthétiques a* priori *ni des faits expérimentaux*. Ce sont des conventions ; notre choix, parmi toutes les conventions possibles, est *guidé* par les faits expérimentaux ; mais il reste *libre* et n'est limité que par la nécessité d'éviter toute contradiction. C'est ainsi que les postulats peuvent rester rigoureusement vrais quand même les lois expérimentales qui ont déterminé leur adoption ne sont qu'approximatives. En d'autres termes : *les axiomes de la géométrie [...] ne sont que des définitions déguisées*[107]. » Pourquoi, en conclut Duchamp, ne pas laisser au hasard le soin de leur définition si celle-ci de toute façon ne peut jamais atteindre à la vérité ? En dépit du verdict de Poincaré, Duchamp mène son expérience sur la base de la droite idéale. En la traitant comme un corps solide, un fil en l'occurrence, en la soumettant au test de la réalité des lois physiques, il pratique la géométrie comme une science expérimentale, ce que, par définition, elle n'est pas. Les *3 Stoppages étalon* sont des images visuelles de ce cercle vicieux décrit par Poincaré, qui consiste à traiter les axiomes géométriques en faits expérimentaux[108]. Cet aspect central, non seulement de « l'idée de la fabrication » des *3 Stoppages étalon* mais aussi d'autres expériences formelles sur le hasard (*Trois pistons de courant d'air* et *Neuf tirés*) est ignoré de tous ceux qui avancent que Duchamp n'aurait pas réalisé ses *3 Stoppages étalon* conformément à « l'idée de la fabrication » mais aurait manipulé à sa guise et selon ses intentions l'aspect des lignes résultant de la chute[109]. Car sans le passage de la droite géométrique idéale à travers l'espace physique réel, l'expérience pseudo-scientifique de Duchamp perd tout son sens, perd son esprit.

En lisant *La Science et l'Hypothèse* de Poincaré, Duchamp ne s'est pas seulement confronté à l'idée de « convention » et par là à la relativité de tous les étalons scientifiques, mais il est possible qu'il s'en soit inspiré pour concrétiser de manière humoristique l'idée du mathématicien par l'expérience artistique des *3 Stoppages étalon* : son « expérience du fil », pourrait-on dire par analogie à l'expression de Poincaré. En effet, dans son chapitre « La mécanique classique », Poincaré consacre quatre pages à « l'école du fil ». Cette école dont le nom bizarre pourrait jaillir de la plume et de l'imagination d'un Alfred Jarry « cherche à tout ramener à la considération de certains systèmes matériels de masse négligeable [...] systèmes dont le type idéal est le fil[110] ». Parmi les descriptions des expériences caractéristiques de cette « école du fil », nombre de constellations peuvent avoir inspiré Duchamp. On y lit par exemple : « Ou bien encore on soumet un corps *à l'action simultanée de plusieurs fils identiques également tendus* [souligné par l'auteur], et on cherche par l'expérience quelles doivent être les orientations de tous ces fils pour que le corps reste en équilibre. On a alors une vérification expérimentale de la règle de la composition des forces[111]. » On retrouve bien là la terminologie de « l'idée de la fabrication » des *3 Stoppages étalon*.

L'approche qui sous-tend les *3 Stoppages étalon* détermine en fait la pensée artistique de Duchamp tout au long de sa vie : traduire dans la réalité des expériences absurdes sur la base de standards scientifiques afin de visualiser de manière ironique les conventions et la relativité des principes scientifiques. Les *3 Stoppages étalon* deviennent pour ainsi dire le « fil directeur » de son cheminement artistique. Duchamp ne se rend compte qu'*a posteriori* de la pérennité de ce principe dans son œuvre, il en fait alors son « œuvre principale » car elle consigne l'instant, répétons-le, « when I tapped the mainspring of my future[112] ». Par ailleurs, l'importance de cette œuvre tient au fait qu'à travers elle Duchamp s'attaque pour la première fois tant au primat de la pensée scientifique qu'à la prétention d'exclusivité de la peinture. Paradoxalement Duchamp trouve un soutien à sa démarche dans la philosophie de la science la plus avancée de l'époque. Un mathématicien aussi rigoureux, aussi rationnel que Poincaré, n'a-t-il pas écrit que l'on peut fort bien s'imaginer un monde régi par la géométrie non euclidienne si l'on suppose que les rayons lumineux ne sont pas rectilignes mais circulaires sous l'effet de la réfraction, de sorte que la perception sensible du monde serait nécessairement autre[113]. Ce sont ces phénomènes hypothétiques, relevant uniquement de l'imaginaire que Duchamp entreprend de sonder et de visualiser à partir de 1913. Et c'est cette différence par rapport à la logique scientifique qui confère à sa pensée et à sa création une véritable dimension esthétique et le retient, malgré toute l'inspiration qu'il tire des littératures scientifiques modernes, de se cantonner dans la simple illustration des thèses et des questionnements scientifiques. En mélangeant la logique de la géométrie et de la physique, des sciences et de l'esthétique, tout en transgressant les règles inhérentes à ces disciplines, les *3 Stoppages étalon* suivent une logique alternative, une logique véritablement imaginative.

L'application des nouveaux étalons

Les lignes des *3 Stoppages étalon* découlant de la « rephysicalisation » de la droite géométrique idéale, lignes auxquelles le hasard a restitué « l'à peu près du “toujours possible” »[114], servent de modèle au tracé sur le *Grand Verre* des *tubes capillaires* qui relient les *moules mâliques* aux *tamis*[115] dans lesquels sont filtrés et transformés les désirs sexuels (ill. 4 et 21). C'est dans les *tubes capillaires* que s'effectue « par phénomène d'étirement dans l'unité de longueur » la transformation du gaz

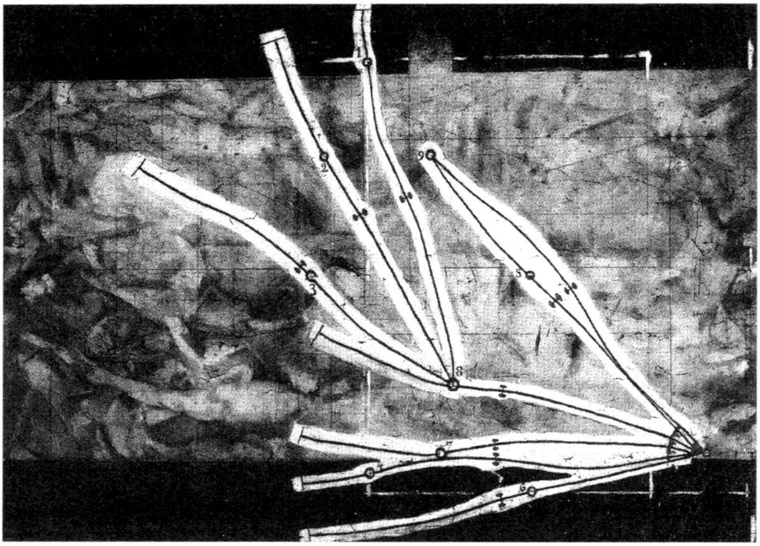

18 *Réseaux des stoppages*, 1914, huile et crayon sur toile, 147,7 × 197 cm, New York, The Museum of Modern Art, Fondation Abby Aldrich Rockefeller et don de Mary Sisler, 1970

d'éclairage issu de « paillettes solides de gaz givré » en un liquide explosif qui est propulsé, tout d'abord mécaniquement, puis optiquement en direction de la *Mariée*[116]. L'allusion au « phénomène [physiologique] d'étirement dans l'unité de longueur » par lequel se manifeste l'excitation sexuelle de l'homme, est non seulement flagrante par la définition même du phénomène mais aussi par le choix de termes tel que « baguette » pour ne citer que celui-ci[117]. Duchamp avait déjà conçu cette composante de l'appareil célibataire avant de trouver une forme pour ce phénomène à l'aide de l'expérience du fil. Notons cependant, comme le spécifie une note dans la *Boîte de 1914*, que « Les 3 Stoppages étalon sont le mètre diminué », c'est-à-dire que le déplacement du fil bidimensionnel à travers l'espace tridimensionnel a fait fléchir et non augmenter l'unité de longueur.

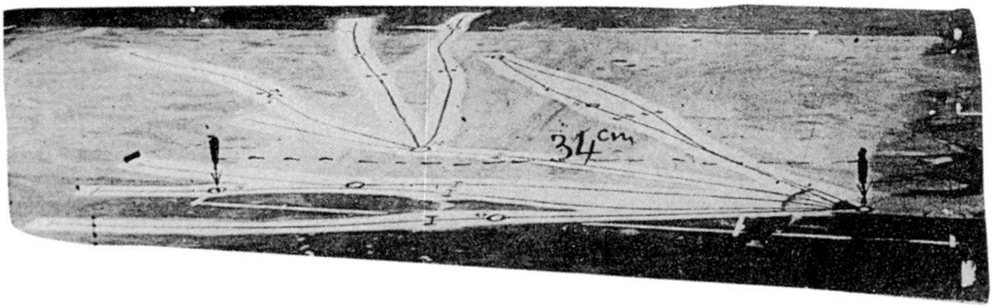

19 *Réseaux des stoppages*, 1914, épreuve sur sels d'argent, 2,1 (2,9) × 9 cm, Archives Marcel Duchamp, Villiers-sous-Grez

Comme les *formes mâlic* doivent être projetées sur le verre par le biais d'un rigoureux système de perspective linéaire, les lignes sinueuses qui les relient, représentant « l'à peu près du toujours possible », doivent elles aussi être intégrées dans son système perspectif, ce qui n'est pas aisé pour un artiste peu versé dans le dessin perspectif[118]. Duchamp dit avoir mis en perspective les « *9 tubes capillaires* » dans les six premiers mois de l'année 1914[119]. Sur le tableau de grand format de 1911, *Jeune homme et jeune fille dans le printemps*, sur lequel il a déjà exécuté une esquisse au crayon du *Grand Verre* à l'échelle 1/2, Duchamp a esquissé trois fois le groupe des *3 Stoppages étalon*, formant ainsi un arbre de lignes marquées de petits cercles numérotés (ill. 18). Le tracé de l'arbre correspond à celui des *tubes capillaires* mis en espace à partir de la disposition des *9 formes mâlic* tels qu'ils sont représentés sur le *Grand Verre*. Pour mieux faire ressortir le tracé des lignes et afin qu'elles apparaissent mieux à la photographie qu'il projette de réaliser, Duchamp les a repassées au bleu de Prusse et a peint leurs contours en blanc. On y voit cependant des touches de rouge et de bleu céruléum qui ne sont pas exclusivement motivées par des raisons de mise en valeur, ce qui indique qu'il ne s'agit pas seulement pour Duchamp d'un croquis de travail mais aussi d'une peinture autonome[120]. Le tableau intitulé *Réseaux des Stoppages* ou *Cimetière des uniformes et livrées*[121] montre, vu en plan, ce qui est représenté en perspective vu de

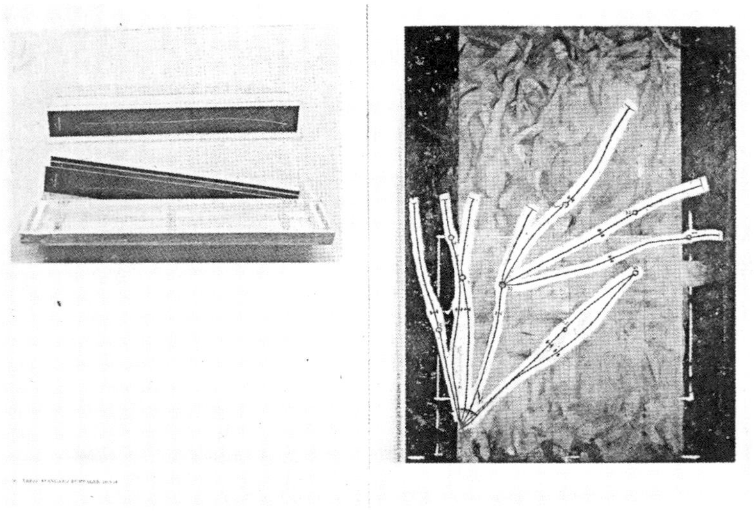

20 Double page du catalogue d'exposition « By or of Marcel Duchamp or Rrose Sélavy », Pasadena, 1963

haut à l'oblique sur le *Grand Verre*. On ne sait toujours pas comment Duchamp a reporté sur la toile le tracé des lignes sinueuses[122]. Comme ce n'est qu'en 1918 qu'il fait découper ses règles d'après le tracé des *3 Stoppages étalon*, il a probablement dû en 1914 se contenter de rapporter les lignes au papier calque. De légers traits obliques partiellement mis en relief par un bleu céruléum marquent le milieu des lignes. Ils ont apparemment pour but de faciliter la projection en perspective des *9 moules mâliques* sur le *Grand Verre*[123]. Duchamp a eu du mal à conjuguer l'aspect ludique de sa géométrie non euclidienne avec la rigueur des lois de la perspective linéaire. Aussi commence-t-il, pour résoudre le problème du report des lignes sinueuses sur sa *Machine célibataire*, par photo graphier le tableau *Réseaux des stoppages* selon un angle correspondant à la projection perspectiviste[124] (ill. 19). La photographie ne lui permet cependant pas d'atteindre son but,

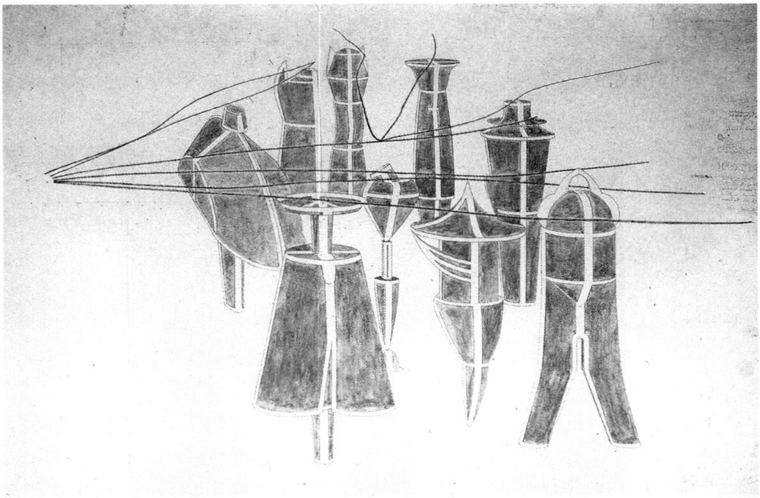

21 *Cimetière des uniformes et des livrées n° 2*, 1914, crayon, encre et aquarelle sur papier, 66 × 99,8 cm, New Haven, Connecticut, Yale University Art Gallery, Fondation Katherine S. Dreier.

comme le souligne Richard Hamilton, aussi doit-il recourir au dessin perspectif[125]. Si l'on fait pivoter le tableau de 90° sur sa droite et qu'on l'observe à la verticale, on constate que l'arbre des lignes fait écho aux contours des bras de la jeune fille tendus vers les fruits d'un arbre, ce qui correspond à l'un des motifs de la peinture *Jeune homme et jeune fille dans le printemps* (ill. 20). C'est cet angle de vue que suggère la mise en page de la reproduction du *Réseau des stoppages* dans le catalogue que Duchamp a lui-même élaboré pour sa rétrospective à Pasadena en 1963 et la note cryptique : « La verticale après une certaine longueur devient "à plusieurs branches"[126] » fait sans doute allusion à cette correspondance morphologique.

Un dessin au crayon peint à l'aquarelle en grand format (66 × 99,8 cm) – Yale University Art Collection, 1914 – présente l'envers du croquis des *9 moules mâlic* (ill. 21) que Duchamp a tout d'abord réalisé sur verre en 1915 comme une image autonome avant de le reporter sur le *Grand Verre*[127]. Dans la représentation perspectiviste des *Neuf moules mâlic*, les lignes ondulées des *3 Stoppages étalon* figurent en un raccourci extrême. Tout comme pour les lignes des tubes capillaires, Duchamp prévoit d'appliquer aux *moules mâlic* ce même procédé de dépersonnalisation en choisissant pour eux une couleur « technique », à savoir le minium.

Au-delà de toutes spéculations géométriques et pseudo-géométriques, les *3 Stoppages étalon* trouvent en 1914-1915 leur application dans un autre projet de Duchamp : l'invention d'un nouveau langage. Celui-ci se compose de ce qu'il appelle les « mots premiers » (« divisibles » seulement par eux-mêmes et par l'unité), des mots « qui n'aient pas de référence concrète »[128]. Dans ce cadre, Duchamp imagine que les *3 Stoppages étalon* servent de point de départ à la création de « signes-étalons » qui à la manière des idéogrammes de l'écriture chinoise représenteraient les relations grammaticales entre lesdits mots, relations que les signes alphabétiques conventionnels ne sont pas en mesure d'exprimer[129]. Ce n'est que quatre ans plus tard, en 1918, que les droites déformées trouvent leur utilisation la plus intense dans la dernière toile de l'artiste : *Tu m'*. Nous y reviendrons de manière détaillée au chapitre consacré à la géométrie non euclidienne.

Dans une première phase, Duchamp ne prévoit que huit *moules mâlic*[130]. Le neuvième est conçu en 1914[131]. Entre-temps, Duchamp a découvert le chiffre 3. « Pour moi le chiffre trois a une importance », commente Duchamp au sujet de la récurrence de ce chiffre dans l'architecture du *Grand Verre*, « mais pas du tout du point de vue ésotérique, simplement du point de vue numération ; un, c'est l'unité, deux c'est le double, la dualité, et trois c'est le reste. Dès que vous avez approché le mot trois, vous auriez trois millions c'est la même chose que trois[132] ». En d'autres termes : « Les 3 expériences du fil qui tombe couvrent l'immensité des possibilités immesurables[133]. »

Tableaux du hasard

Dans la « fabrication » des *3 Stoppages étalon,* il ne s'agit pas seulement de dresser le protocole d'une expérience (Shearer/Gould), mais de s'interroger aussi sur la peinture elle-même. Le fait que les fils à coudre des *3 Stoppages étalon* dépassent de quelques centimètres la longueur du mètre ne tient aucunement à la volonté de Duchamp de duper d'entrée de jeu le spectateur en simulant une expérience relevant prétendument du hasard. Une autre explication tombe encore davantage sous le sens, en effet Duchamp ne conçoit pas à l'origine les *3 Stoppages étalon* comme un assemblage ou comme l'assortiment des objets constitutif d'un protocole expérimental fondé sur le hasard, mais comme une peinture, un « tableau du hasard ». Dans la phase de conception de cette œuvre, Duchamp raisonne encore en peintre. Et si l'on confronte les *3 Stoppages étalon* avec l'énoncé de Poincaré : « Mais on n'expérimente pas sur des droites ou des circonférences idéales ; on ne peut le faire que sur des objets matériels », il semble qu'on ait là la raison pour laquelle Duchamp choisit pour son expérience le fil le plus léger possible. Les fils sont si fins qu'ils ressemblent à des lignes tirées au crayon et non à l'objet concret qu'est le fil en soi, c'est pourquoi leur apparence tend à celle d'une droite idéale déformée[134].

Duchamp, comme il le décrit dans la *Boîte de 1914*, aurait pu consigner les résultats de son expérience par le biais de la photographie, c'est ce que prévoyait sa note au sujet du « jeu de tonneau » et c'est ce qu'il réalise quelques mois plus tard avec ses *Pistons de courant d'air.* Mais l'expérience des trois fils, étroitement liée aux questionnements sur la peinture, est conçue dans un contexte de remise en question des fondements géométriques de la peinture classique, du modèle spatial tridimensionnel et, partant, du rôle constitutif revenant à la droite dans la géométrie projective. C'est pourquoi Duchamp crée trois peintures, trois tableaux, et non trois photos du hasard.

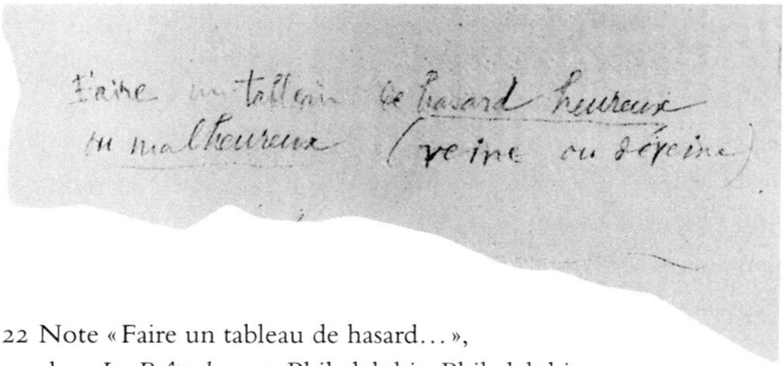

22 Note « Faire un tableau de hasard… »,
dans *La Boîte de 1914*, Philadelphie, Philadelphia Museum of Art, Donation d'Alexina Duchamp, 1991

Plusieurs indices permettent d'avancer la thèse selon laquelle les *Stoppages étalon* auraient été conçus dans un premier temps comme des tableaux étroits, à regarder verticalement, ce dont témoigne en particulier la disposition des étiquettes[135]. Une note sur une idée de tableau figurant aux côtés de « l'idée de la fabrication » des *3 Stoppages étalon* dans la *Boîte de 1914* souligne explicitement le fait que Duchamp ait caressé l'idée de créer un tableau du hasard en 1913-1914 : « Faire un tableau de hasard heureux ou malheureux (veine ou déveine) », lit-on sous sa plume[136] (ill. 22). Il est tout à fait possible que cette note se rapporte directement au processus d'élaboration des *3 Stoppages étalon*, sans qu'il soit possible de le reconstruire de manière précise aujourd'hui.

Conçus à l'origine comme tableau de hasard, les *3 Stoppages étalon* ne reçoivent leur forme actuelle qu'à l'été 1936 lorsque Duchamp restaure le *Grand Verre* brisé chez Katherine S. Dreier, collectionneuse d'objets d'art, à West Redding, Connecticut[137]. Les trois tableaux font partie depuis 1918 de la collection de Katherine S. Dreier qui les a vraisemblablement achetés en même temps que le tableau *Tu m'* commandé à Duchamp, à moins qu'elle ne les ait reçus en cadeau dans le cadre de cette commande[138]. En œuvrant à cette toile, qui est sa dernière peinture à l'huile, Duchamp a utilisé les lignes incurvées de ses *3 Stoppages étalon* pour construire un cube selon les règles d'une géométrie non euclidienne. A cette fin il a découpé, d'après le profil des lignes, des règles en bois qui sont également représentées sur *Tu m'*[139].

Katherine S. Dreier semble ne jamais s'être intéressée à ces trois tableaux figurant des fils à peine plus épais qu'une ligne tracée au crayon. Lorsque, en préparation de son séjour de restauration à West Redding, Duchamp lui demande par lettre de bien vouloir rechercher lesdites œuvres, elle ne les trouve pas, ne sachant pas de quoi il s'agit ; comme il veut les remettre à Alfred Barr pour l'exposition « Fantastic Art Dada Surrealism » prévue pour fin 1936 au Museum of Modern Art – étant entendu qu'il en modifiera l'apparence pour l'exposition – Duchamp affine sa description des *3 Stoppages*, parlant dans plusieurs lettres de trois « canvases », ce qui signifie autant « toiles » que « tableaux »[140]. Dans sa lettre du 3 mai 1935, il les définit comme suit : « three panels (canvas painted dark blue with a very fine line made by a thread fallen on the canvas)[141] ». Dans d'autres lettres, Duchamp emploie pour désigner son « tableau » le terme de « panel »[142].

Dans son essai de 1932, intitulé « L'esprit Dada dans la peinture », Georges Hugnet emploie sans équivoque le terme « tableau » pour les *3 Stoppages étalon* : « Marcel Duchamp avait peint trois tableaux intitulés : *Trois stoppages-étalon*, faits à Paris en 1913, qui tentaient de doter d'une nouvelle figure le mètre », peut-on lire dans l'essai d'Hugnet[143]. Dans la mesure où il semble fort bien documenté, en particulier en ce qui concerne les ready-made dont il n'a matériellement pas pu voir les originaux, tout porte à croire qu'il tient ses informations de Duchamp lui-même.

Les trois négatifs sur verre conservés au Philadelphia Museum of Art à titre de dépôt des légataires de Duchamp constituent un autre indice laissant penser que les *3 Stoppages étalon* se présentaient à l'origine sous forme de tableaux[144] (ill. 23). Les clichés ont été sans doute réalisés au 23, rue Saint-Hippolyte dans l'atelier parisien que Duchamp habite d'octobre 1913 à juin 1915. La manière peu professionnelle dont est

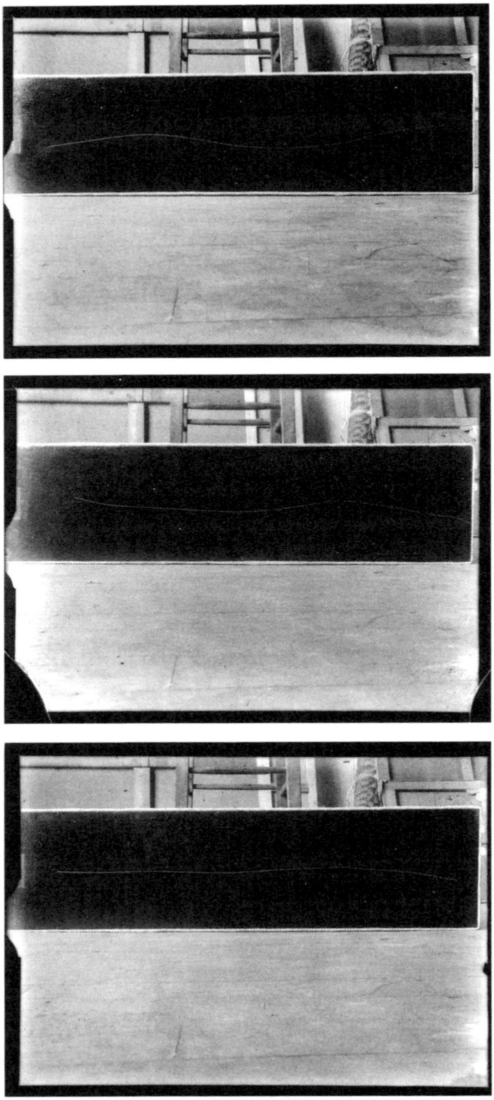

23 *3 Stoppages étalon*, épreuves modernes des négatifs sur verre originaux, (8,9 × 11,9 cm), Paris 1914, Philadelphie, Philadelphia Museum of Art, dépôt d'Alexina Duchamp

placé le tableau, à même le plancher, accoté à une chaise, peut faire croire que Duchamp lui-même a pris les photos[145]. En revanche, il n'y a aucune trace de dilettantisme dans la technique photographique. Les négatifs de format 8,9 x 11,9 représentent exactement les *3 Stoppages étalon* à l'échelle 1/10. Duchamp a donc eu recours à la photographie pour obtenir à l'échelle exacte un format réduit des trois fils ondulés d'un mètre. Pour cela, il lui a suffi de modifier la distance entre les tableaux et l'objectif et de contrôler la longueur des fils sur le verre dépoli. De ces négatifs sont tirées des épreuves montées sur trois petits cartons qui, en deux exemplaires (l'exemplaire personnel de Duchamp et celui du collectionneur Walter Arensberg) dans la *Boîte de 1914*, accompagnent la note de « l'idée de la fabrication »[146] (ill. 24). Le titre écrit à la main sous les trois photos, « 3 décistoppages étalon », illustre bien par analogie à « décimètre » ou « décimal » le processus de réduction du format des *Stoppages étalon* à l'échelle 1/10.

Les tirages contacts des *3 Stoppages étalon* montrent non seulement qu'à l'origine les pans de toiles étaient deux fois plus larges qu'aujourd'hui, mais également qu'ils étaient montés sur châssis. Les pans de toile ont aujourd'hui une largeur de 13,3 cm. Dans une lettre datée du 1er janvier 1936 à K. S. Dreier, Duchamp indique comme largeur des « canvases » « about one foot », c'est-à-dire environ 30 cm, une largeur qui peut être approximativement reconstruite par rapport à la longueur des fils représentés sur les photos[147]. A l'été 1936, Duchamp nie l'existence des *3 Stoppages étalon* sous forme de tableaux en détachant les toiles de leur châssis, en diminuant leur largeur de la moitié et en les collant sur trois étroites plaques de verre de 7 mm d'épaisseur. Avant cette opération, les bandes de toile avaient été peintes en blanc au verso, seules deux étroites « fenêtres » avaient été ménagées sur chacune d'elles, qui portaient les libellés suivants : « Un mètre de fil droit, horizontal, tombé d'un mètre de haut » et « (3 stoppages étalon, appartenant à Marcel Duchamp), 1913-14[148] ». Quant aux plaques de verre, Duchamp utilise le même matériau

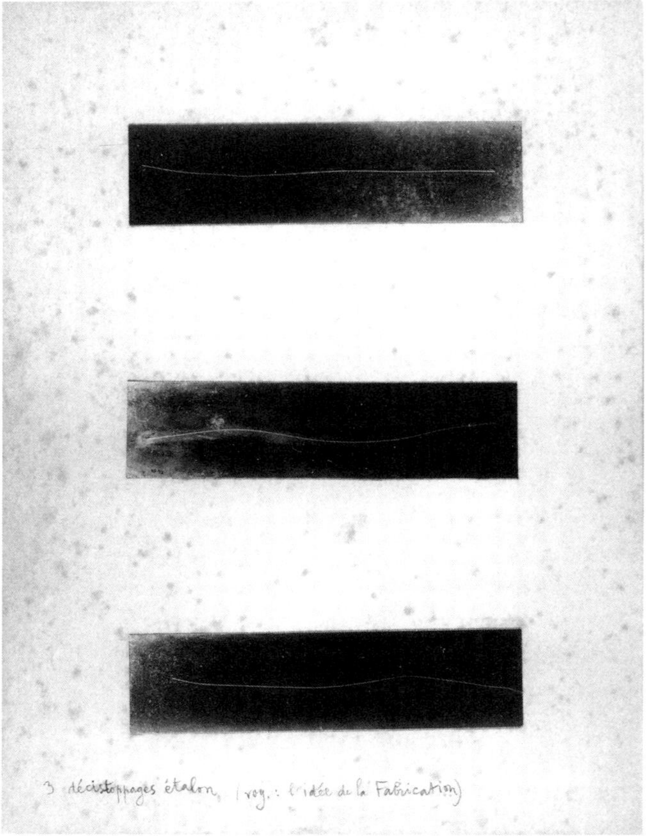

24 *3 décistoppages étalon*, épreuves sur sels d'argent, montées sur carton (24 × 18 cm), dans *La Boîte de 1914*, Philadelphie, Philadelphia Museum of Art, donation d'Alexina Duchamp, 1991

que pour la restauration de son *Grand Verre*. Cette identité de matériau a non seulement une raison pratique mais aussi une signification iconographique. Dans le *Grand Verre*, la ligne d'horizon intitulée *refroidisseur à ailettes*[149] séparant la *Machine célibataire*, en bas, de la *Mariée*, en haut, se compose de trois étroites plaques de verre finement superposées qui se sont bri-

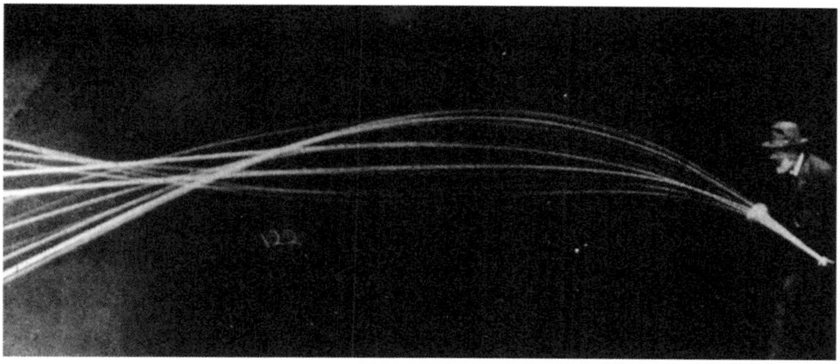

25 Étienne-Jules Marey :Vibrations d'une tige élastique de bois, Chronophotographie, 1886, d'après *Le Mouvement*, 1894

sées durant le transport du tableau cinq ans auparavant. Duchamp les remplace en 1936 par deux fines plaques de verre teinté (tirant sur le vert) et une autre fine plaque de verre à peine teinté (tirant sur le blanc). On retrouve les mêmes nuances de couleur sur les trois plaques de verre sur lesquelles ont été collées les bandes de toile avec leurs fils incurvés[150]. La ligne d'horizon est également nommée *vêtement de la mariée* dans les textes sur la *Mariée mise à nu par ses célibataires, même*[151]. Ce vêtement a dû faire l'objet d'une réparation invisible à la suite de la brisure du verre – en d'autres termes, le vêtement de verre nécessitait un « stoppage ». Ainsi Duchamp a-t-il exprimé de manière imperceptible le lien de pensée entre les deux œuvres en utilisant pour la reconstitution des *3 Stoppages étalon* des plaques de verre présentant les mêmes nuances de couleur que pour le « stoppage » du *vêtement de la mariée*[152].

A l'époque Duchamp n'est pas seulement occupé à la restauration du *Grand Verre*. Il entre dans une phase essentielle de sa carrière alors moins consacrée à la création de nouvelles œuvres d'art qu'à la reconstruction de son œuvre des années 1905 à 1927. Cette reconstruction de l'œuvre est sans nul doute assortie de plus d'un « stoppage », de plus d'une « rectification » de sa biographie d'artiste. Il semble que lorsqu'en 1935

Duchamp projette de réunir ses œuvres essentielles dans un catalogue raisonné d'une facture particulière, sa célèbre *Boîte-en-valise*, il se rend à l'évidence que les *3 Stoppages étalon* sont le ressort moteur de ses ready-made. « I didn't realize at the time exactly what I had stumbled on », confie-t-il plus tard à Katharine Kuh. « When you tap something, you don't always recognize the sound. That's apt to come later. For me the Three Stoppages was a first gesture liberating me from the past[153]. »

Les *3 Stoppages étalon* sont autant des tableaux expérimentaux que les tableaux d'une expérience. En tant qu'expérience picturale, ils ouvrent l'horizon sur un nouveau concept iconique pratiqué en dehors des Beaux-Arts. L'approche qui consiste à enregistrer les chutes de fil sur les toiles imite l'image scientifique fondée sur le paradigme de l'enregistrement photographique. Nous sommes en présence des « inscriptions mécaniques des mouvements des corps », description donnée par Étienne-Jules Marey de son fameux procédé de « chronophotographie »[154]. Parmi les photos des cavaliers, escrimeurs, marcheurs et boxeurs dans *Le Mouvement*, le livre de synthèse de Marey de 1894, figurent aussi des images des « déplacements d'une droite dans l'espace ». Comme le contexte expérimental de ces photos était de montrer l'origine concrète, physiques des concepts de la géométrie comme la ligne droite, le plan, la sphère, le cylindre, etc., la comparaison s'impose avec l'expérience pseudo-scientifique de Duchamp sur la droite idéale traversant l'espace physique. Lisons Marey : « Or, si la Géométrie est devenue aujourd'hui une science purement spéculative, il ne semble pas douteux qu'elle ait eu, comme toutes les autres sciences, une origine expérimentale. Il est naturel d'admettre que l'idée de la ligne droite n'est pas sortie du cerveau de l'homme à titre d'abstraction pure, mais plutôt qu'elle y est entrée à la vue d'un fil tendu, par exemple, ou de tout autre objet rectiligne. De même la conception du plan ou du cercle a dû naître à la vue de surfaces planes ou d'objets de forme

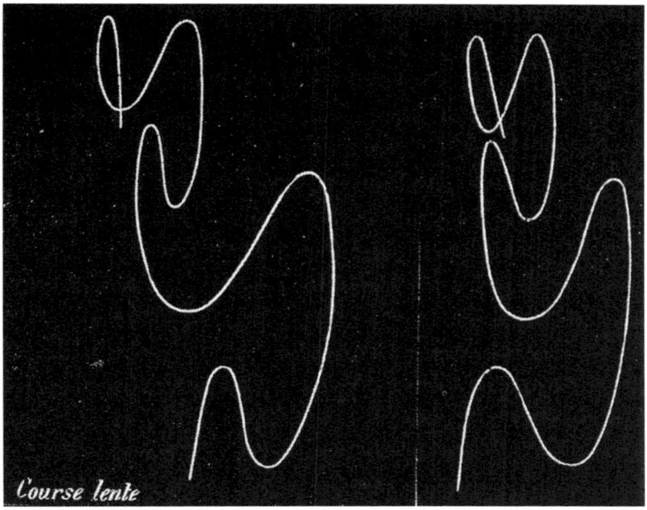

26 Étienne-Jules Marey : Trajectoire stéréoscopique d'un point brillant placé au niveau des vertèbres lombaires d'un homme qui marche en s'éloignant de l'appareil photographique, 1885, d'après *Le Mouvement*, 1894

circulaire. Il y a pour ainsi dire une trace de ces origines concrètes des conceptions des géomètres dans la définition qu'ils donnent des figures solides ou à trois dimensions : ces figures, disent-ils, sont *engendrées* par des lignes droites ou courbes qui se déplacent de différentes manières. Ainsi, une surface cylindrique de révolution est engendrée par une droite qui se meut parallèlement à une autre droite immobile, en restant à une distance de celle-ci[155]. » Avec les *3 Stoppages étalon*, Duchamp est le premier à transposer le paradigme de l'image technico-scientifique au champ de la création artistique, le résultat est un concept pictural entièrement nouveau, d'après lequel l'image n'est plus une « finestra aperta » sur une réalité vue ou imaginée, ni une ordonnance autonome des lignes, des formes et des couleurs mais une méthode expérimentale, l'image étant à la fois objet et outil pictural. Suivant ce même principe, le ready-made (*La Roue de bicyclette*) est créé au même moment et est en cela « l'œuvre sœur » des *3 Stoppages étalon*[156]. Duchamp est un connaisseur intime du concept pictural fonctionnel pratiqué dans les sciences expérimentales depuis que, peignant une série de tableaux du mouvement à partir de l'automne 1911 (*Jeune homme triste dans un train*, *Moulin à café*, *Nu descendant un escalier*), il a étudié de manière approfondie la chronophotographie de Marey. Cette photographie était utilisée dans le cadre d'études physiologiques non pas à des fins esthétiques, ni en tant que simple moyen d'illustration, mais comme méthode expérimentale. Les chronophotographies ne reproduisent pas une réalité visible connue, elles rendent visible l'objet d'analyse et de réflexion scientifique. La ressemblance frappante entre les photographies des *3 Stoppages étalon*, c'est-à-dire les « décistoppages étalon » (ill. 24) et certaines chronophotographies tant par le tracé de trajectoires blanches sur fond noir que par le caractère séquentiel des images (ill. 26) atteste de l'impression durable qu'ont exercée l'apparence et la fonction iconiques de la photographie scientifique sur le jeune peintre Marcel Duchamp en 1911-1912[157].

IV. 1936 – Les tableaux se transforment en protocole expérimental

En 1936, Duchamp est déterminé à modifier les *3 Stoppages étalon* afin que leur apparence se rapproche le plus possible de celle des ready-made. A la fin de sa vie, il compte même cette œuvre parmi ses ready-made, allant jusqu'à en faire son « *ready-made* favori[158] ». Ne fût-ce qu'à titre de prototype d'une peinture sérielle, les *3 Stoppages étalon*, sous forme d'étroits tableaux verticaux qui ne sont que les trois variantes d'une ligne d'un mètre de long, auraient pu être une œuvre à sensation pour l'histoire de l'art des années 1913-1914. Mais cela ne suffit manifestement pas à Duchamp, ou bien cela ne correspond plus à ses intentions dont l'objectif déclaré est de s'éloigner radicalement de l'histoire de la peinture. L'objet ayant entre-temps été revalorisé comme nouvelle forme d'art par les surréalistes, ses ready-made des années d'avant guerre, qui n'ont jamais été exposés en tant qu'objets d'art, sont hissés au rang d'objets de culte. Alors que Duchamp traverse l'Atlantique en direction des États-Unis, la première « Exposition surréaliste d'Objets » se tient à Paris et donne à voir pour la première fois son *Porte-bouteilles*, lequel est célébré pour constituer le premier objet surréaliste[159]. Duchamp veut manifestement que ses *3 Stoppages étalon* entrent dans l'histoire comme témoins de son attitude anti-peinture. Aussi lui faut-il en 1936 éliminer toute référence à la peinture dans cette œuvre. Après avoir détaché les pans de toile de leur châssis pour les coller sur les plaques de verre, il les confine tout comme les règles courbes de 1918 dans un écrin en bois équipé de casiers pour les plaques de verre et de dispositifs de fixation pour les règles[160]. Ils ne doivent plus être exposés au mur mais dans un coffret à instruments que l'ordre social du savoir destine à un musée technique plus qu'à un musée d'art. Ils ne doivent plus être « lus » verticalement, c'est-à-dire dans le sens des étiquettes, mais horizontalement. Des trois tableaux sont nés la panoplie d'instruments et le protocole d'un schéma expérimental pseudo-scientifique. Lorsqu'en 1964 Duchamp présente cette œuvre sur diapositives lors d'un exposé au City Art Museum de Saint Louis, Missouri, il souligne expressément : « Ce n'est pas un tableau. Les trois étroites bandes s'appellent *3 Stoppages étalon*. Elles doivent être regardées horizontalement et non verticalement parce que chaque bande propose une ligne courbe faite d'un fil à coudre d'un mètre de long, après qu'il ait été lâché d'une hauteur de 1 mètre, sans que la distorsion du fil pendant la chute soit déterminée[161]. »

Après leur transformation en protocole expérimental, les *3 Stoppages étalon* sont pour la première fois présentés au public en décembre 1936 lors de l'exposition « Fantastic Art Dada Surrealism » du Museum of Modern Art[162]. Parallèlement, sont montrés l'appareil optique nommé *Rotative Plaque Verre (Optique de Précision)* de 1920 et une photographie de *Porte-bouteilles* de 1914, cette exposition est ainsi la première à établir aux États-Unis la réputation de Duchamp comme dissident de la peinture et pionnier d'une nouvelle forme d'art, l'art de l'Objet[163]. Une note du catalogue d'exposition donne une explication de l'œuvre non seulement inexacte mais aussi en contradiction avec l'objet exposé : « Following his interest in the laws of chance as opposed to deliberate artistic composition, the artists dropped three threads a meter long upon the floor (*sic*). The outlines of the dropped threads are preserved in the "strips of wood"[164]. » Ces "strips of wood" ne sont cependant pas exposés. Notons qu'Alfred Barr, commissaire de l'exposition, ne veut pas ou ne peut pas voir dans les *3 Stoppages étalon* de simples objets de démonstration. Comme l'atteste une photographie de l'exposition, il ignore

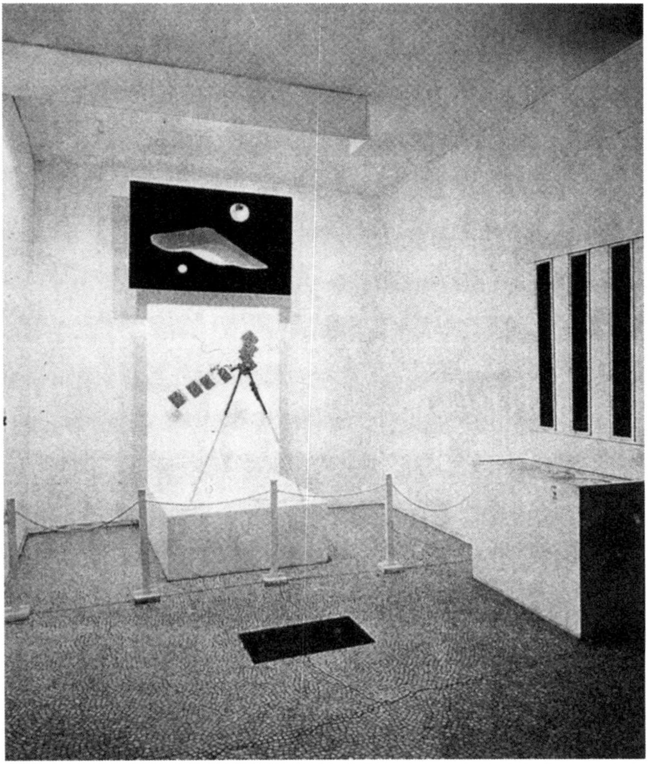

27 Exposition « Fantastic Art, Dada, Surrealism », New York, The Museum of Modern Art, décembre 1936. Au mur à droite, *3 Stoppages étalon*

l'écrin en bois et ses règles, exposant uniquement les trois pans de toile sur verre, accrochés verticalement au mur tel un tableau à trois volets (ill. 27). A ses yeux, les règles courbes sont de simples instruments de dessin et, en tant que tels, n'ont pas leur raison d'être dans une exposition, seul le tableau à trois volets, « a composition of artificial accident », est digne d'être exposé[165]. Il n'est pas exclu que cette lecture de l'œuvre soit due au texte du catalogue d'exposition écrit par Georges Hugnet dans lequel il décrit l'œuvre dans sa configuration d'origine sans tenir compte des modifications qu'a subies son apparence entre-temps. Réitérant sa présentation de l'œuvre dans les *Cahiers d'art* de 1932, Hugnet écrit : « In 1913, in Paris *he had painted three pictures* [souligné par l'auteur] *Trois stoppages étalon* (three standard stops) which attempted to give a new appearance to the measure of a meter. This is how they were done : Duchamp took three threads, each a meter long, which he dropped from the height of a meter one after the other on to three black canvases. Scrupulously he traced the contours of the threads with a thin trickle of varnish – a purely accidental design[166]. »

C'est avec l'exposition « Fantastic Art Dada Surrealism » que commence fin 1936 l'histoire de la réception américaine des *3 Stoppages étalon*, réception qui atteint un premier apogée en 1945 dans le numéro spécial de la revue *View* dédié à Duchamp. Contrairement au point de vue d'Alfred Barr, l'œuvre n'y est plus perçue comme « tableau » mais comme « objet ». Dans l'article « Marcel Duchamp Anti-Artist » rédigé par le couple de galeristes new-yorkais Harriet et Sidney Janis, les *3 Stoppages étalon* sont considérés comme partie intégrante de l'interprétation faisant de Duchamp l'auteur d'une œuvre « anti-picturale » et « anti-artistique » qu'ils articulent sur trois catégories : le mouvement, le concept de la machine et l'ironie, le hasard étant une sous-catégorie de l'ironie[167]. « Pour Duchamp, le pinceau, la toile et la dextérité manuelle de l'artiste relèvent de l'anathème, écrivent-ils. Pour lui la pensée et le travail sont fonction de la mécanique des forces de la nature, des ravages du temps, des événements fortuits. Il canalise ces forces, en apparence si hostiles à l'art, et les emploie consciemment pour produire des formes et développer des objets, et il considère les résultats eux-mêmes accessoires aux moyens utilisés pour les obtenir[168]. » Appliquée aux *3 Stoppages étalon*, cette thèse signifie que Duchamp aurait donné la priorité aux techniques du hasard et non aux formes qui en résultent, ce qui ne correspond cependant pas au contexte

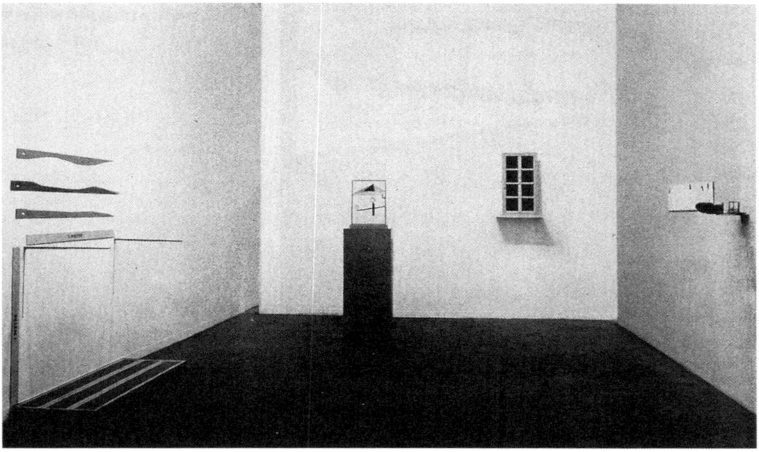

28 Salle d'exposition des œuvres de Marcel Duchamp, Exposition de la Fondation Katherine S. Dreier, New York, The Museum of Modern Art, 1953. Au devant à gauche : *3 Stoppages étalon*, 1913-14

d'élaboration de cette œuvre ni des « formes » apparentées, tels les *Pistons de courant d'air* et les *Neuf tirés* : cette interprétation des *3 Stoppages étalon* n'est suggérée qu'au fur et à mesure de leur transformation en une sorte de « protocole expérimental ». Lorsqu'ils sont présentés en 1945 dans une exposition des œuvres des frères Duchamp à la Yale University Art Gallery, l'historien d'art et conservateur de musée George Heard Hamilton les qualifie d'« objet » constituant la plus importante contribution de Duchamp à l'élaboration d'une nouvelle esthétique[169]. En 1953, Duchamp à titre d'exécuteur testamentaire de Katherine S. Dreier veille à ce que les *3 Stoppages étalon* soient légués au Museum of Modern Art de New York. Avant leur exposition, Duchamp leur fait subir une dernière modification, ce qui marque le point final de quarante ans d'histoire d'une œuvre méritant le qualificatif de « work in progress ». Pour clarifier sa démarche, Duchamp ajoute aux attributs de son écrin deux barres en bois portant l'inscription

« I MÈTRE », dont une doit être exposée horizontalement et l'autre verticalement[170]. Conformément aux instructions de l'artiste, les trois pans de toile ne sont plus, comme en 1936, présentés verticalement à la manière d'un tableau mais comme la composante d'un schéma expérimental : les trois règles en bois prennent place au mur, disposées horizontalement, les bandes de toile avec les fils étant présentées juste au-dessous à même le sol, lesdites barres de bois d'un mètre de long, disposées l'une verticalement, l'autre horizontalement, définissent les conditions cadres de l'expérience, à savoir la surface quadratique du cube dans lequel s'est produite la chute des trois fils d'un mètre de long (ill. 28).

A Paris on prend connaissance dès 1934 de la note sur « l'idée de la fabrication » par l'édition en fac-similé des notes de la *Boîte verte*, alors que personne n'a encore vu l'œuvre. Ainsi Gabrielle Buffet discute-t-elle l'idée dans un essai sur l'art de Duchamp paru dans les *Cahiers d'art* à l'occasion de l'exposition à la Galerie Ratton en 1936, sans n'avoir jamais été en présence de l'œuvre elle-même[171]. Katherine Dreier ayant fait faire une photographie des pans de toile sur verre tels qu'ils figurent sous leur nouvelle forme, une reproduction des *3 Stoppages étalon* – présentés toujours verticalement – paraît pour la première fois en 1937 dans la revue *Minotaure*[172]. L'œuvre figure dans une sélection non commentée de récents tableaux et objets surréalistes comme si elle venait d'être tout juste créée elle aussi. L'année suivante le terme de « hasard en conserve » créé par Duchamp est répertorié dans le *Dictionnaire abrégé du Surréalisme* à la rubrique « hasard »[173]. En 1940 Duchamp intègre au grand catalogue de son œuvre qu'est sa *Boîte-en-valise* une reproduction couleur au pochoir de la photographie du *Minotaure*[174] (ill. 29). Sous sa forme plastique, l'œuvre ne fait son apparition en Europe qu'à titre de répliques à partir de 1963. En 1964, comme la plupart des ready-made, elle est éditée à un tirage de huit exemplaires par la galerie milanaise Arturo Schwarz (ill. 36) ; depuis elle figure dans les expositions d'un grand nombre de villes

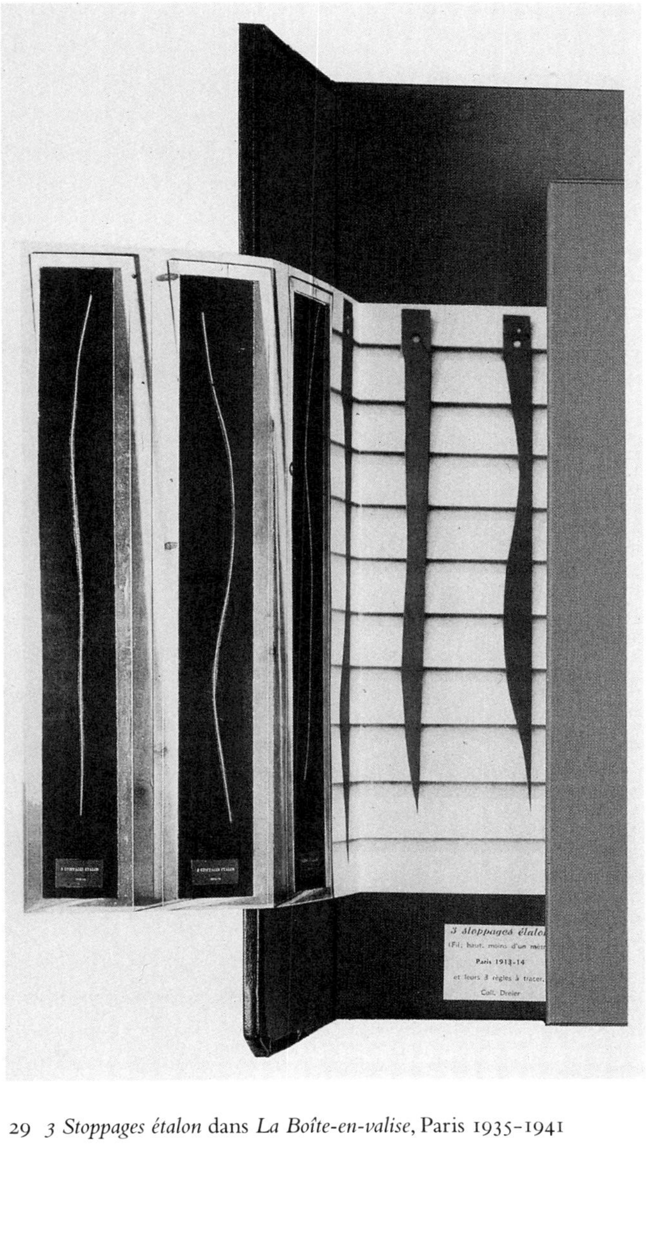

29 *3 Stoppages étalon* dans *La Boîte-en-valise*, Paris 1935-1941

européennes[175]. L'original est exposé pour la première fois en 1977 à la rétrospective consacrée à Duchamp par le Musée national d'Art moderne au Centre Georges-Pompidou[176].

En 1913-1914, répétons-le, les *3 Stoppages étalon* ne sont donc ni une œuvre classée dans l'art de l'objet, ni les instruments d'une expérience tels qu'ils se présentent aujourd'hui au Museum of Modern Art, ils sont ni plus ni moins des tableaux. Comme les processus de gestation des formes du *Grand Verre* dans les années 1913-1914 relèvent d'expériences issues du hasard, on est fondé à penser que Duchamp a effectivement réalisé et non seulement simulé l'expérience du fil décrite dans « l'idée de la fabrication ». Comme il conçoit alors les *Stoppages étalon* non pas au sens esthétique du ready-made mais au sens pictural et selon les principes de la « dépersonnalisation des lignes droites », il choisit un fil dont la texture est si fine qu'il se distingue à peine d'une ligne[177]. Il ne semble pas avoir évoqué l'idée du collage tel que Picasso et Braque l'ont pratiqué en 1913-14 dans l'avant-garde parisienne[178]. Ce qui lui importe dans ses réflexions sur la matérialisation des lignes constructives de la géométrie optique et de ses applications dans les conditions de la géométrie non euclidienne – elles feront l'objet du chapitre suivant –, c'est l'impression émanant de la ligne et non du fil. C'est pourquoi il choisit un fil d'une extrême finesse – qu'il utilise en même temps pour exécuter sa *Broyeuse de chocolat n° 2*. Comme nous ne disposons pas jusqu'à ce jour d'analyse technique des *3 Stoppages étalon* en dépôt au Museum of Modern Art, il n'est pas exclu que Duchamp, pour représenter les trajectoires sur les toiles, ait remplacé les fils utilisés pour son expérience par des fils de texture plus fine. Tant sa peinture *Broyeuse de chocolat n° 2* que les *3 Stoppages étalon* sous leur forme première de « tableaux du hasard » s'inscrivent dans une phase de création où la *Mariée mise à nu par ses célibataires, même* est encore conçue pour la toile, des fils de différentes épaisseurs devant être utilisés, comme en témoigne une note de la *Boîte blanche* : « Pour obtenir une "exactitude", coller sur la toile finie des fils de différentes *grosseurs. Couleur* pour accentuer les lignes (ou intersections) – plans (ce fil sera maintenu par le vernis)[179]. »

D'un point de vue scientifique, les *3 Stoppages étalon* relèvent d'une pseudo-expérience ; à titre d'expérience artistique, ils sont le résultat de spéculations sur la différence de statut des droites d'une part, selon qu'on recourt à la géométrie euclidienne ou à la géométrie non euclidienne, et d'autre part sur le hasard en tant que facteur créateur de forme. Ce que Duchamp pense de l'exactitude scientifique et du devoir d'exactitude documentaire nous est révélé par une phrase, rayée mais déchiffrable, du manuscrit original de « l'idée de la fabrication ». Duchamp écrit : « 3 exemplaires obtenus dans des conditions à peu près semblables », et ajoute, pour reprendre textuellement ses termes : « *Pas rigoureusement* [souligné par l'auteur] car / que faut il entendre par rigueur d'expéri / expérience rigoureuse ? – sinon une / prétention bien inutile à la répétition[180] ? » Il est peu vraisemblable que pour son expérience Duchamp ait laissé tomber seulement trois fois les fils sur les toiles. Sur une des esquisses des *9 moules mâlic* – non localisée aujourd'hui – Duchamp parle du réseau des « 9 stoppages semblables », ce qui sous-entend qu'il y avait des stoppages dissemblables[181]. Comme il recherche, pour servir de modèle aux *tubes capillaires*, des lignes au tracé similaire qui en tant que droites auraient à peu près la même longueur – les *3 Stoppages étalon* ayant en effet, à quelques millimètres près, la même longueur sur l'échelle métrique malgré les déformations résultant de la chute – il aura sans doute choisi sur un nombre x de « chutes » les trois exemplaires répondant le mieux à ses intentions. Cette approche ne contredit aucunement le principe du hasard mentionné dans « l'idée de la fabrication »[182]. Duchamp a ni plus ni moins fait ce que fait toute science expérimentale : il a opéré un choix parmi les résultats du hasard.

Ce qui compte, ce n'est pas la présence des fils expérimentaux sur la toile mais la représentation des résultats de l'expérience : la déformation de la droite idéale d'un mètre de long sous l'incidence de la pesanteur. Comme il s'agit de « tableaux », c'est-à-dire de « représentations », Duchamp ne voit pas d'inconvénient à remplacer le fil expérimental par des fils de texture plus fine appelés à être cousus de l'endroit à l'envers de la toile afin de mieux tenir, de sorte que les fils utilisés ont une longueur légèrement supérieure à un mètre. Il importe seulement que la ligne sur le tableau, c'est-à-dire côté face, soit *exactement* d'un mètre de long[183]. Duchamp est manifestement encore éloigné de l'idée de créer une œuvre qui serait en fait le protocole matériel d'une « expérience du hasard ». Ce serait confondre l'artiste et le scientifique, ce serait confondre la représentation d'un résultat expérimental et le système expérimental lui-même que d'émettre le reproche de « tromperie » voire de « mystification »[184]. Ce qui compte pour Duchamp à l'époque n'est pas le fait que la toile donne à voir ces mêmes fils ayant servi à l'expérience mais le fait qu'elle donne l'impression que c'est le cas.

Duchamp n'a manifestement pas su pendant longtemps quel statut donner à ses *3 Stoppages étalon* dans son œuvre intégrale. Bien qu'ils soient des tableaux, des objets picturaux, et non des instruments de dessin, il les utilise quand même comme des instruments pour confectionner son tableau *Réseaux des stoppages* et ses esquisses des *9 Moules mâlic*. Cette contradiction s'exprime également sur les trois petites photos des « décistoppages » dans la *Boîte de 1914*. Duchamp photographie les trois peintures dans son atelier, mais il découpe les clichés de telle manière que leur caractère de tableau s'efface et qu'on ait l'illusion de voir des photos du tracé des lignes résultant de l'expérience. Fin 1914 Duchamp consigne dans une note qu'il doit faire agrandir les photos des *Pistons de courant d'air* de même que les « décistoppages » sur « *très bon papier photo* » – « La photo devenant le tableau lui même[185] ». A ce moment-là, le statut pictural des *3 Stoppages étalon* lui est, semble-t-il, si incertain qu'il envisage d'effectuer des agrandissements qui deviendront l'œuvre en soi, le « tableau lui-même ». Toutefois, on ne dispose que de deux agrandissements des *Pistons de courant d'air* au format d'environ 60 × 50 cm[186] (ill. 16). Le projet de faire la même chose avec les négatifs des *3 Stoppages étalon* a probablement échoué pour la seule raison que la confection d'un agrandissement photographique sur un papier d'un mètre de long est à l'époque une entreprise techniquement difficile, voire impossible. Pour finir, il semble qu'une documentation photographique sur format 1/10 telle qu'elle figure parmi les idées collectées dans la *Boîte de 1914* lui a suffi (ill. 24).

Certes les *3 Stoppages étalon* comptent parmi les œuvres qu'il emporte à New York en 1915, mais ils ne sont jamais exposés contrairement aux deux tableaux de la *Broyeuse de chocolat* ou même au chromo intitulé *Pharmacie*, pour ne citer que ces exemples. A titre d'œuvre picturale, ils transgressent encore plus les frontières de la peinture que toute œuvre cubiste intégrant un fragment de toile cirée ou de journal et dont le caractère est toujours figuratif, sans parler de l'importance pour ce type de tableaux de la signature individuelle et des canons de l'harmonie qui permettent de les ranger sous la notion classique de la peinture. Signature individuelle, composition, expression, goût, toutes ces catégories sont exclues pour définir le caractère des *3 Stoppages étalon*, si bien que l'aspect pictural s'efface nettement au profit de l'expérience. Il suffit d'évoquer les *3 Stoppages étalon* sous leur forme de tableau en comparaison avec la peinture *Réseaux des Stoppages* pour mesurer combien ils sont éloignés de la peinture proprement dite. Ils appartiennent manifestement dans la création de Duchamp à ce champ de travail flou, indéfini, qui l'a amené à se poser la question qu'il formule dans ses notes : « Peut-on faire des œuvres qui ne soient pas "d'art"[187] ? » Les *3 Stoppages étalon* partagent le sort des deux premiers ready-made, *Roue de bicyclette* et *Porte-bouteilles*, qui ont vu le jour à Paris avant la lettre et ne sont pas exposés durant deux décennies. A leur sujet, Duchamp s'est aussi demandé – reprenons ses propres termes – « what [he] had stumbled on[188] ». Il s'agit de dispositifs et d'objets destinés à des expériences personnelles « to answer some questions of my own – as a means of solving an artistic problem without the usual means or processes[189] ». Comme ils sont loin de ce que l'on attend généralement de l'art à l'époque, c'est-à-dire qu'ils n'ont pas le caractère d'œuvre d'art, il est impensable d'exposer les *3 Stoppages étalon*, voire de les mettre en vente. C'est ainsi que cette œuvre, surgie d'un chantier expérimental aux contours peu définis et qui de surcroît n'a pas été donnée à voir pendant deux décennies.

Les *3 Stoppages étalon* sont issus de l'élaboration du monde des formes du *Grand Verre*[190]. « L'idée de la fabrication » suit à la lettre, tant dans sa formulation que dans son exécution, les principes qu'énonce Duchamp dans le livre qui doit à l'origine compléter le tableau *La Mariée mise à nue par ses célibataires, même*. Une note rend compte par le menu de sa démarche : « Donner au texte l'allure d'une *démonstration* en reliant les décisions prises par des formules conventionnelles de raisonnement inductif dans certains cas, déductifs dans d'autres. Chaque décision ou événement du tableau devient ou un axiome ou bien une conclusion nécessaire, selon une *logique d'apparence*. Cette logique d'apparence sera exprimée seulement par le *style* (formules mathématiques etc⋆) [en marge⋆ : les principes, lois, ou phénom. seront écrits comme dans un théorème dans les livres de géométrie. soulignés. etc.] et n'ôtera pas au tableau son caractère de : *mélange d'événements imagés plastiquement*, car chacun de ces événements est une *excroissance* du tableau général. Comme excroissance l'événement reste bien seulement *apparent* et n'a pas d'autre prétention qu'une signification d'image (contre la sensibilité plastique)[191]. » Dans une version légèrement remaniée, Duchamp précise sa remarque finale par la phrase suivante : « Il ne peut plus être question d'un Beau plastique[192]. » Le mode d'expression de « l'idée de la fabrication », « Si un fil droit horizontal d'un mètre de longueur... », répond au type de raisonnement inductif décrit ci-dessus, selon lequel les catégories « sensibilité plastique » et « beau plastique » ne joueraient plus aucun rôle quant au résultat pictural de l'expérience, à savoir trois tableaux présentant chacun une ligne très fine créée au hasard de la chute des fils.

Du titre « 3 Stoppages étalon » – La méthode de Roussel

Lorsque Duchamp fait son expérience du fil, il n'a pas encore de titre pour son œuvre. Ses réponses au questionnaire du Museum of Modern Art indiquent qu'il a été inspiré par une enseigne de magasin : « Saw, on the rue Claude Bernard –, "Stoppages" sign – title after the object was done[193]. » Le « stoppage » donc, technique de la retouche invisible des tissus les plus fins, dont la présence est encore attestée par des enseignes portant cette inscription dans les vitrines parisiennes. Le mot « stoppage » dans le titre de l'œuvre de Duchamp fait aussi bien allusion aux fils cousus sur la toile qu'aux fils substitués à la ligne de manière presque invisible tant leur texture est fine. C'est cet aspect qui prédomine dans la conception première de l'œuvre appelée à être regardée verticalement, et ce n'est qu'à travers sa transformation en protocole expérimental présenté horizontalement que se dégage le point de vue de la pesanteur, de la chute, et par là de la matérialité des fils. Point de vue que suggère cet autre sens du verbe « stopper » jouant sur l'arrêt abrupt de la chute des fils. Lui est également associé l'effet de « déclic instantané » des trois prises de vue des *Pistons de courant d'air*. Dans la mesure où la démarche consiste à capter les « images » d'un nombre infini de déformations des fils « stoppés » en fin de chute, elle s'offre à la comparaison avec la technique photographique.

Quant au terme « étalon », le second membre du titre, il a tôt fait d'évoquer, en relation avec le mètre qui se situe au cœur de l'expérience, le célèbre mètre étalon ou prototype international déposé à Sèvres[194]. La juxtaposition des termes « stoppages » et « étalon » crée un champ associatif insolite et humoristique conjuguant ce que le premier suggère d'invisible et d'abrupt à ce que le second évoque d'immuable et de normatif. Notons encore que certains auteurs évoquent l'association phonétique avec « stoppages et talons », sans qu'une enseigne atteste cependant l'existence d'un tel magasin[195].

C'est à Raymond Roussel que Duchamp emprunte la technique du jeu de mots homophonique. Duchamp découvre ce procédé qui consiste à bâtir des récits sur la combinaison d'homonymes en regardant, en compagnie d'Apollinaire, la pièce de théâtre de Roussel, *Impressions d'Afrique*, en juin 1912[196] et il l'applique ensuite à ses esquisses littéraires préalables à la *Mariée mise à nu par ses célibataires, même*[197]. En 1935 Roussel publie un essai révélant sa méthode de création littéraire sous le titre : « Comment j'ai écrit certains de mes livres »[198]. On y apprend que tout le récit *Impressions d'Afrique* est construit sur l'exploration des possibilités phonétiques et sémantiques de la phrase : « Les lettres du blanc sur les bandes du vieux billard » qui peut se lire aussi « Les lettres du blanc sur les bandes du vieux pillard »[199]. Parmi les exemples tirés d'*Impressions d'Afrique* que cite Roussel se trouve aussi la création du mot « l'étalon à platine » dont Roussel dissocie les composantes de la manière suivante : « 1. *Étalon* (mètre étalon) à *platine* (métal. On sait que le mètre étalon est en platine). 2. *étalon* (cheval) à *platine* (qui signifie « langue » en argot) ; d'où le cheval présenté sur la scène des Incomparables[200]. » *L'étalon à platine* est-il resté présent à l'oreille de Duchamp en quête d'un titre pour son œuvre deux ans après avoir vu la pièce de théâtre *Impressions d'Afrique* ou l'artiste s'est-il laissé guider par un vague souvenir de l'approche littéraire de Roussel, seules les spéculations suggèrent des hypothèses à ce sujet.

En 1914, Duchamp traversait tous les jours la rue Claude-Bernard pour se rendre de son appartement rue Saint-Hippolyte à la bibliothèque Sainte-Geneviève à deux pas du Panthéon. Si l'on consulte le Bottin et l'annuaire du Commerce Didot-Bottin de 1913 et 1914, on constate qu'il y a en effet plusieurs tailleurs dans la rue Claude-Bernard mais pas de stoppeur proprement dit. Il faut dire que le stoppage comptait souvent parmi les spécialités des tailleurs de l'époque et la rue Claude-Bernard ne manquait pas de tailleurs[201]. Des ateliers proprement consacrés au stoppage se trouvaient dans la rue Monge toute proche et dans une petite rue transversale et devaient être probablement signalés par une enseigne[202]. Il y avait en outre dans le Paris de l'époque un « artiste-stoppeur »[203], ainsi qu'une « Académie artistique des stoppeurs de Paris »[204]. Duchamp s'est sans doute senti attiré par ce type particulier d'académie des arts lorsqu'une enseigne de stoppage lui inspire le titre de ses tableaux expérimentaux conçus autour de trois fils.

L'attention que porte Duchamp au langage des enseignes est partie intégrante de sa fascination pour l'iconographie de la rue et l'esthétique de la devanture, fascination qui caractérise sa création dans les années 1913-1914. Guillaume Apollinaire n'est certainement pas étranger à l'éveil de Duchamp à cet engouement : en octobre 1912, accompagnés de Francis Picabia, ils passent tout un week-end à discuter poésie et peinture dans la maison parentale de Gabrielle Buffet-Picabia à Étival dans le Jura[205]. Tout en écoutant Apollinaire scander ses derniers poèmes – dont certains ne sont publiés que l'année suivante dans le recueil *Alcools*[206] – Duchamp s'initie aux nouveaux principes de la poésie découlant des idées cubistes et futuristes. A son retour – il fait le voyage dans l'automobile de Picabia – Duchamp rédige dans un style mi-symboliste, mi-futuriste sa première esquisse littéraire d'une idée de tableau intitulé « Route Jura-Paris »[207].

Apollinaire a non seulement intégré dans ses poèmes le langage des réclames et des devantures mais également prédit dans son livre *Les peintres cubistes. Méditations esthétiques* de mars 1913 l'influence croissante de « l'art mineur de la montre » sur le développement de la peinture moderne[208]. Nul doute que ce livre occupe une place centrale dans la bibliothèque de Duchamp : le poète y a mis la première main à l'automne de l'année précédente pendant ce séjour commun à Étival mais, ce qui est plus important, il y fait le premier éloge littéraire à Paris de la peinture de Duchamp. Apollinaire résume l'avenir de la peinture contemporaine comme suit : « Cet art [allusion à la peinture de Juan Gris], s'il progresse dans la direction qu'il a prise, pourrait aboutir non à l'abstraction scientifique mais à l'arrangement esthétique qui, en définitive, peut être considéré comme le but le plus élevé de l'art scientifique. Plus de formes suggérées par l'habileté du peintre, plus de couleurs même qui sont aussi des formes suggérées. On utiliserait des objets dont l'arrangement capricieux aurait un sens esthétique qui ne serait point niable. Cependant, l'impossibilité qu'il y a de mettre dans une toile, un homme en chair et en os, une armoire à glace ou la tour Eiffel, forceront le peintre à revenir aux méthodes de la véritable peinture, ou bien à borner son talent à développer l'art mineur de la montre – il y a aujourd'hui des vitrines de magasins admirablement arrangées [...][209] ». Si ces lignes témoignent de clairvoyance aujourd'hui, Duchamp va au-delà en méprisant les conventions artistiques et en montrant avec les *3 Stoppages étalon*, la *Roue de bicyclette* et le *Porte-bouteilles*, qu'il y a entre les « méthodes de la véritable peinture » et « l'art mineur de la montre » une troisième voie : une forme nouvelle d'expression esthétique conjuguant « l'abstraction scientifique » avec « l'arrangement capricieux des objets[210] ». « Plus de formes suggérées par l'habileté du peintre », mais suggérées par le hasard. Apollinaire est parfaitement au courant des expériences de Duchamp au début de l'année 1913, ce qui souligne bien l'échange d'idées qui les lie à l'époque. Fin janvier 1913, Apollinaire dédie à Duchamp un exemplaire du catalogue d'exposition *Les Fenêtres* de Robert Delaunay portant la dédicace : « A Marcel Duchamp / qui ouvre les fenêtres du hasard / son ami / Guillaume Apollinaire[211] ». « Plus de couleurs même qui sont aussi des formes suggérées », mais des couleurs comme résultat de l'ouvrage des « teinturiers ». Dans la première phase d'ébauche où la *Mariée mise à nu...* est encore conçue pour la toile, Duchamp note à plusieurs reprises l'idée de « teindre » et non de « peindre » la toile à la peinture à l'huile[212]. Le bleu de Prusse qui colore les toiles des *3 Stoppages étalon* est tellement dilué qu'elles donnent l'impression d'avoir été teintes et non peintes. « On utiliserait des objets [des fils par exemple, HM] dont l'arrangement capricieux aurait un sens esthétique » – voilà bien ce que fait Duchamp en créant ses *3 Stoppages étalon* ou ses « sculptures toute faites » appellation d'origine de *Roue de bicyclette* et *Porte-bouteilles* avant que Duchamp ne leur donne le nom de « ready-made »[213]. Dans une de ses notes, Duchamp envisage même d'exécuter le tableau de la *Mariée mise à nu...* d'après le modèle d'une « armoire à glace », voire d'un étalage derrière une vitrine, chose qui pour Apollinaire était impensable[214]. Pour Duchamp, tout tableau peint en perspective est le regard porté à travers une vitre imaginaire sur un morceau de monde artificiellement arrangé : « La projection [de chaque partie de la *Mariée mise à nu...*, HM] en perspective sur le Verre est un exemple parfait de *perspective* classique, c'est-à-dire que les divers éléments de l'Appareil célibataire furent d'abord imaginés répartis derrière le Verre, sur le sol, plutôt que distribués sur une surface à deux dimensions[215]. » Si l'on considère les expériences picturales et les spéculations de Duchamp dans les années 1913-1914 à la lumière des méditations esthétiques d'Apollinaire dans *Les Peintres cubistes*, on est tenté de conclure que Duchamp veut à tous égards dépasser en audace les idées du plus radical des théoriciens du Paris de l'époque.

L'œuvre de Duchamp des années 1913-1914 reflète de diverses manières l'iconographie des enseignes et des vitrines de son environnement parisien, de la rue Saint-Hippolyte où il habite depuis octobre 1913 à la place du Panthéon à proximité de la bibliothèque Sainte-Geneviève où il commence à travailler un mois plus tard. En 1914 il complète le chromo d'une aquarelle de deux touches de rouge et de vert sur l'horizon d'un paysage d'hiver trivial et l'intitule *Pharmacie*[216]. Ces deux touches de peinture évoquent les bocaux lumineux colorés des devantures d'apothicaires, qui, une fois la nuit tombée, servaient autrefois de repère aux passants en quête d'une pharmacie. Sur le chemin quotidien de son domicile à la bibliothèque Sainte-Geneviève, Duchamp passe devant deux pharmacies qui existent encore et présentent toujours en vitrine ces mêmes récipients décoratifs. L'une se trouve sur la place du Panthéon[217], l'autre juste en face à l'angle de la rue Berthollet et de la rue Claude-Bernard où Duchamp passe matin et soir.

Au 19 de la rue Claude-Bernard, se trouve le siège principal de la Société française d'incandescence par le gaz (Système Auer) qui vend des lampes à gaz fabriquées d'après le brevet du chimiste autrichien Auer von Welsbach. Du « gaz d'éclairage », telle est la métaphore choisie par Duchamp pour désigner le carburant sexuel devant amener à incandescence les *9 moules mâlic* de son *Grand Verre*. De même, c'est un « bec Auer » qu'il place au centre de sa dernière œuvre, le grand théâtre optique de *Étant donné : 1° le gaz d'éclairage 2° la chute d'eau (1946-1966)* exposé au Philadelphia Museum of Art[218]. Quant aux « manchons et becs à gaz », c'est un certain Margoulis qui les vend en 1913 au 70 de la rue Claude-Bernard.

Nombre d'ateliers sont spécialisés dans la confection des « Uniformes et Livrées ». « Costumes et livrées, uniformes en tous genre ; spécialités pour sapeurs-pompiers, sergents de ville, octroi, gardes de square, gardes-champêtres », tel est l'assortiment proposé par une « maison spéciale » de la rue

Hippolyte-Lebas[219]. Duchamp s'inspire probablement en 1914 de l'une de ces vitrines pour concevoir ses *9 moules mâlic* en *Cimetière des uniformes et des livrées* (ill. 21). La forme de ses célibataires dérive de la conjugaison de deux éléments : l'abstraction graphique des uniformes et des plastrons et la transparence du verre des lampes à gaz[220].

N'oublions pas pour clore cette digression de mentionner que l'idée des tableaux de la *Broyeuse de chocolat* lui vient de l'observation d'une chocolaterie de Rouen qu'il connaît depuis sa jeunesse. L'influence des vitrines sur l'imaginaire de Duchamp ne se limite pas au sujet ou à l'iconographie mais touche aussi au matériau et à la structure de son univers pictural[221]. Dans une note datée de 1913, il analyse la nouvelle forme de désir que génère l'esthétique des vitrines. Sous le titre « La question des devantures », il écrit textuellement : « Subir l'interrogatoire des devantures. L'exigence de la devanture. La devanture preuve de l'existence du monde extérieur. Quand on subit l'interrogatoire des devantures, on prononce aussi sa propre Condamnation. En effet le choix est allé et retour. De la demande des devantures, de l'inévitable réponse aux devantures, se conclut l'arrêt du choix. Pas d'entêtement, par l'absurde, à cacher le coït à travers une glace avec un ou plusieurs objets de la devanture. La peine consiste à couper la glace et à s'en mordre les pouces dès que la possession est consommée. C.Q.F.D.[222]. » C'est l'analyse de ce nouveau type d'expérience d'un monde sous l'emprise du capitalisme marchand qui le conforte dans sa décision de figurer sa *Mariée mise à nu par ses célibataires, même* non pas sur la toile mais sur le verre. Beaucoup plus tard, en 1945, Duchamp lui-même participe à la décoration artistique des vitrines de deux librairies new-yorkaises[223], réalisant ainsi la prophétie d'Apollinaire, à savoir que l'artiste moderne ferait de « l'art mineur de la montre » une forme d'art majeur.

V. Application humoristique de la géométrie non euclidienne

Dans le questionnaire déjà mentionné du Museum of Modern Art, Duchamp ne répond pas seulement à la question de la signification des *3 Stoppages étalon* par l'explication « first step toward depersonalizing straight lines » mais il y ajoute nombre d'élucidations et de sources dont le décryptage exige de la part du lecteur une certaine formation mathématique et philosophique. On peut y lire : « A joke about the meter – a humorous application of Riemann's post-Euclidean geometry which was devoid of straight lines. Not first-hand but part! Cf. Max Stirner – Le moi et sa propriété[224]. » Dix ans plus tard, il en donne dans une conférence publique une version plus compréhensible, en y ajoutant d'autres sources qu'il ne mentionne pas dans le questionnaire, dont la « pataphysique » : « Cette expérience fut faite en 1913 pour emprisonner et conserver des formes obtenues par le hasard, par *mon* hasard. Du même coup, l'unité de longueur : un mètre était changé d'une ligne droite en une ligne courbe sans perdre effectivement son identité en tant que mètre, mais en jetant néanmoins un doute pataphysique sur le concept selon lequel la droite est le plus court chemin d'un point à un autre[225]. »

Considérons les différents éléments de cette remarque : le célèbre postulat de la géométrie euclidienne, « La ligne droite est le plus court chemin d'un point à un autre », est pour la première fois mis en doute par le mathématicien allemand Bernhard Riemann vers le milieu du XIXe siècle. D'après ses réponses au questionnaire, Duchamp n'a manifestement pas lu les essais ou traités de Riemann[226]. Il a cependant pris connaissance des idées riemanniennes en lisant le *Traité élémentaire de géométrie à quatre dimensions* de Jouffret[227] ainsi que l'ouvrage *La Science et l'Hypothèse*, le traité philosophique et scientifique le plus célèbre et le plus marquant de Poincaré, réédité pour la vingtième fois en 1912, année de la mort du grand mathématicien. Poincaré y examine sous tous leurs aspects les modifications du concept d'espace de la géométrie euclidienne à travers les géométries de Riemann et de Lobatchevski ; pour ce faire il élucide la géométrie de Riemann en recourant à la métaphore des « êtres plats » de Abbott déjà discutée dans ce propos : « Imaginons un monde uniquement peuplé d'êtres dénués d'épaisseur ; et supposons que ces animaux "infiniment plats" soient tous dans un même plan et n'en puissent sortir. Admettons de plus que ce monde soit assez éloigné des autres pour être soustrait à leur influence. Pendant que nous sommes en train de faire des hypothèses, il ne nous en coûte pas plus de douer ces êtres de raisonnement et de les croire capables de faire de la géométrie. Dans ce cas, ils n'attribueront certainement à l'espace que deux dimensions. Mais supposons maintenant que ces animaux imaginaires, tout en restant dénués d'épaisseur, aient la forme d'une figure sphérique, et non d'une figure plane et soient tous sur une même sphère sans pouvoir s'en écarter. Quelle géométrie pourront-ils construire ? Il est clair d'abord qu'ils n'attribueront à l'espace que deux dimensions ; ce qui jouera pour eux le rôle de la ligne droite, ce sera le plus court chemin d'un point à un autre sur la sphère, c'est-à-dire un arc de grand cercle, en un mot leur géométrie sera la géométrie sphérique[228]. » Grâce à cette image des « êtres plats », Poincaré illustre l'argumentation beaucoup plus complexe par laquelle Riemann avait remis en question la prétention d'absolu de l'axiome euclidien « La ligne droite est le plus court chemin d'un point à un autre ». Selon Riemann, il existe un plus grand nombre de géométries possibles. Tout dépend d'après lui « de la façon dont on définit la longueur d'une courbe. Or il y a une infinité de manières de définir cette longueur, et chacune d'elles peut devenir le point de départ d'une nouvelle géométrie[229] ». Duchamp pour sa part laisse au hasard le soin de définir cette longueur, ou plutôt : de la redéfinir, car en fin de compte le hasard ne peut opérer avec la longueur « d'1 mètre » que dans le système expérimental quadratique défini par la longueur d'un mètre (ill. 28).

Qu'en est-il alors de la géométrie euclidienne du point de vue général ? Est-ce qu'elle est vraie ? La question « n'a aucun sens », répond Poincaré. « Autant demander si le système métrique est vrai et les anciennes mesures fausses ; si les coordonnées cartésiennes sont vraies et les coordonnées polaires fausses. Une géométrie ne peut pas être plus vraie qu'une autre ; elle peut seulement être *plus commode*[230]. » La phrase suivante, « Or la géométrie euclidienne est et restera la plus commode[231] », n'a aucunement fait impression sur Duchamp qui ne raisonne pas en mathématicien ou en scientifique évoluant dans le cadre d'une pratique de recherche donnée mais en artiste. Ce qui le fascine en revanche, c'est la constatation de Poincaré selon laquelle l'expérience ne permet pas de prouver le postulat d'Euclide[232] et que les axiomes géométriques ne sont pas par principe des « faits expérimentaux » mais bien des « conventions », des « définitions déguisées[233] » et peuvent donc selon Duchamp être formulés et visualisés de manière différente.

A la suite de l'examen comparatif des structures de l'espace telles qu'elles se présentent dans l'univers euclidien d'une part et non-euclidien et quadridimensionnel d'autre part, Poincaré résume sa thèse quant au rapport de la géométrie et de l'expérience comme suit : « On voit que l'expérience joue un rôle indispensable dans la genèse de la géométrie ; mais ce serait une erreur d'en conclure que la géométrie est une science expérimentale, même en partie. [...] Elle ne s'occupe pas en réalité des solides naturels, elle a pour objet certains solides idéaux, absolument invariables, qui n'en sont qu'une image simplifiée et bien lointaine. La notion de ces corps idéaux est tirée de toutes pièces de notre esprit et l'expérience n'est qu'une occasion qui nous engage à l'en faire sortir. Ce qui est l'objet de la géométrie, c'est l'étude d'un "groupe" particulier ; mais le concept général de groupe préexiste dans notre esprit au moins en puissance. Il s'impose à nous, non comme forme de notre sensibilité, mais comme forme de notre entendement. Seulement, parmi tous les groupes possibles, il faut choisir celui qui sera pour ainsi dire l'*étalon* auquel nous rapporterons les phénomènes naturels. L'expérience nous guide dans ce choix qu'elle ne nous impose pas ; elle nous fait reconnaître non quelle est la géométrie la plus vraie, mais quelle est la plus *commode*. On remarquera que j'ai pu décrire les mondes fantaisistes que j'ai imaginés plus haut [dans la description de l'espace non euclidien quadridimensionnel, HM], *sans cesser d'employer le langage de la géométrie ordinaire*. Et, en effet, nous n'aurions pas à en changer si nous y étions transportés. Des êtres qui y feraient leur éducation trouveraient sans doute plus commode de créer une géométrie différente de la nôtre, qui s'adapterait mieux à leurs impressions, il est certain que nous trouverions plus commode de ne pas changer nos habitudes[234]. »

L'art de Marcel Duchamp à partir de 1913 est un produit de la crise de la prétention de vérité de la géométrie euclidienne classique et par là de l'ouverture de la pensée à une multiplicité infinie d'autres géométries possibles. S'il demeure physiquement dans « notre monde », pour reprendre l'expression de Poincaré, il préfère s'inventer en pensée un tout autre monde, « une réalité possible en distendant un peu les lois physiques et chimiques[235] », et modifier en conséquence ses habitudes artistiques et picturales. La réalité imaginaire projetée sur le tableau en verre *La Mariée mise à nu par ses célibataires, même* correspond à une géométrie ludique construite sur des fragments de géométrie quadridimensionnelle et non euclidienne dont l'œuvre première est les *3 Stoppages étalon* de 1913-1914 : trois lignes qui « jettent un doute pataphysique » sur le postulat euclidien en définissant trois nouveaux étalons de longueur sur lesquels Duchamp fonde toutes les apparences spatiales de son univers pictural et même, comme nous l'avons vu, l'idée d'un nouveau langage.

Cette œuvre procède aussi d'une autre idée très en vogue à l'époque dans la nouvelle géométrie. Dans *La Valeur de la science*, Poincaré souligne que la géométrie euclidienne et la géométrie non euclidienne ont un fondement commun. Celui-ci consiste en une sorte de géométrie supérieure qui contrairement à la géométrie euclidienne n'est pas quantitative mais « qualitative » et s'intéresse aux propriétés spatiales d'un continuum « exemptes de toute idée de mesure. » Lisons Poincaré : « L'étude de ces propriétés est l'objet d'une science qui a été cultivée par plusieurs grands géomètres et en particulier par Riemann et Betti et qui a reçu le nom d'Analysis Situs. Dans cette science, on fait l'abstraction de toute idée quantitative [...] Les théorèmes de l'Analysis Situs ont donc ceci de particulier qu'ils resteraient vrais si *les figures étaient copiées par un dessinateur malhabile qui altérerait grossièrement toutes les proportions et remplacerait les droites par des lignes plus ou moins sinueuses*[236] » [souligné par l'auteur]. C'est bien précisément ce que fait Duchamp avec ses *3 Stoppages étalon* et c'est là-dessus que repose la phrase citée au début de ce propos : « Un mètre était changé d'une ligne droite en une ligne courbe sans perdre effectivement son identité en tant que mètre. » En d'autres termes, la ligne change d'apparence mais conserve son identité de mètre.

L'idée, sous-jacente à l'Analysis Situs [appelée aujourd'hui « topologie », HM]), d'un espace amorphe n'ayant ni propriétés métriques, ni propriétés projectives fascine Duchamp toute sa vie[237]. Ainsi note-t-il que le *Domaine de la Mariée* dans la moitié supérieure du *Grand Verre* est caractérisé par le fait qu'il est exempt de « mensurations » alors que le monde des *Célibataires* est déterminé par la géométrie métrique et projective[238]. Dans aucun de ses livres Poincaré ne se confronte à cette question avec pareille intensité que dans ses *Dernières pensées*[239]. Ce livre connaît une première parution posthume en 1913, année où Duchamp rédige son « idée de la fabrication » des *3 Stoppages étalon*[240]. Poincaré y distingue trois types de géométrie : la géométrie métrique qui est fondée sur la notion de distance, la géométrie projective qui est fondée sur la notion de ligne droite et la géométrie qualitative de l'Analysis Situs de laquelle sont bannies les questions quantitatives. « Dans cette discipline, deux figures sont équivalentes toutes les fois qu'on peut passer de l'une à l'autre par une déformation continue, quelle que soit d'ailleurs la loi de cette déformation pourvu qu'elle respecte la continuité[241]. [...] Supposons un modèle quelconque et la copie de ce même modèle exécutée par un dessinateur maladroit : les proportions sont altérées, les droites tracées d'une main tremblante ont subi de fâcheuses déviations et présentent des courbures malencontreuses. Du point de vue de la géométrie métrique, de celui même de la géométrie projective, les deux figures ne sont pas équivalentes : elles le sont au contraire du point de vue de l'Analysis Situs[242]. » Ainsi se comportent les lignes incurvées des *3 Stoppages étalon* nées d'une droite ayant subi des déformations continuelles[243]. Vues de l'extérieur, ces droites au tracé flou semblent être précisément les mesures de base idéales d'une géométrie que Poincaré définit comme « l'art de bien raisonner sur des figures mal faites », poursuivant sa réflexion comme suit : « Ce n'est pas là une boutade, c'est une vérité qui mérite qu'on y réfléchisse. Mais qu'est-ce qu'une figure mal faite ? C'est celle que peut exécuter le dessinateur maladroit dont nous parlions tout à l'heure ; il altère les proportions plus ou moins grossièrement ; ses lignes droites ont des zigzags inquiétants ; ses cercles présentent des bosses disgracieuses ; tout cela ne fait rien, cela ne troublera nullement le géomètre, cela ne l'empêchera pas de bien raisonner[244]. »

Non seulement dans l'esprit du peintre Duchamp pensant en images mais aussi dans celui du mathématicien Poincaré, la topologie est donc une géométrie supérieure à la géométrie métrique et projective parce que l'intuition y est à l'œuvre. Elle est même pour Poincaré « le véritable domaine de l'intuition géométrique»[245]. Dans le chapitre des *Dernières pensées* consacré à la topologie, Duchamp s'est confronté aussi à la relativité de principe du concept d'espace géométrique, qu'il soit euclidien ou non euclidien : «L'espace est relatif; je veux dire par là, non seulement que nous pourrions être transportés dans une autre région de l'espace sans nous en apercevoir [...] non seulement que toutes les dimensions des objets pourraient être augmentées dans une même proportion, sans que nous puissions le savoir, pourvu que nos instruments de mesure participent à cet agrandissement; mais je veux dire encore que l'espace pourrait être déformé suivant une loi arbitraire pourvu que nos instruments de mesure soient déformés précisément d'après la même loi[246].» Tout porte à croire dans ce contexte argumentatif que le titre même «*Réseaux des stoppages*» pour la disposition dans l'espace des *9 tubes capillaires* sur le tableau de 1914 est inspiré du passage suivant des *Dernières pensées* : «L'espace, considéré indépendamment de nos instruments de mesure n'a donc ni propriété métrique, ni propriété projective, il n'a que des propriétés topologiques (c'est-à-dire celles qu'étudie l'Analysis Situs). Il est *amorphe*, c'est-à-dire qu'il ne diffère pas de celui qu'on en déduirait par une déformation continue quelconque. [...] Comment l'intervention de nos instruments de mesure, et en particulier des corps solides donne à l'esprit l'occasion de déterminer et d'organiser plus complètement cet espace amorphe; comment elle permet à la géométrie projective d'y tracer *un réseau de lignes droites* [souligné par l'auteur], à la géométrie métrique de mesurer les distances de ces points [...], c'est ce que j'ai expliqué longuement ailleurs[247].» Au «Réseau de lignes droites» de la géométrie euclidienne se substituent sur le tableau de Duchamp les «Réseaux des Stoppages» procédant d'une géométrie non euclidienne adaptée à la manière ludique de l'artiste, une géométrie inspirée certes des conceptions géométriques de Riemann mais qui ne lui est aucunement identique, fût-ce même partiellement[248].

Dans son étude *The Fourth Dimension and Non-Euclidean Geometry in Modern Art*, Linda Henderson définit les *3 Stoppages étalon* comme « la plus pure expression de la géométrie non euclidienne au début du vingtième siècle[249] ». Cette interprétation ignore cependant le comportement critique et ironique à l'égard de la science qui sous-tend manifestement cette œuvre. Avec ses *3 Stoppages étalon*, Duchamp ne veut aucunement donner une rigoureuse illustration scientifique de l'espace courbe découlant de la géométrie sphérique de Riemann. Ses stoppages ne sont pas non plus, ou ils ne sont que partiellement les images explicites d'une figure géométrique topologiquement déformée. Si telle avait été l'intention de Duchamp, il eût été plus facile pour lui de suivre le conseil de Hermann von Helmhotz et de peindre ou de photographier le reflet du monde dans les boules étincelantes des jardins bavarois[250]. En tant qu'« application humoristique de la géométrie post-euclidienne de Riemann », ils sont au contraire l'image d'un concept qui reprend à son compte certains théorèmes de la géométrie non euclidienne et les « déforme » au point d'en faire une critique du rationalisme fondé sur le raisonnement mathématique et géométrique. Les *3 Stoppages étalon* sont l'œuvre fondatrice du nouveau style de pensée propre à Duchamp, une pensée visuelle expérimentale, une forme d'imagination artistique qui, sur l'arrière-plan de la logique scientifique, expérimente les constellations d'idées les plus insolites, parfois les plus absurdes.

Gleizes et Metzinger réfutent dans leur livre *Du cubisme* de 1912 la critique de la presse conservatrice, selon laquelle les tableaux cubistes ne sont que des « excentricités géométriques »[251] en se référant à la géométrie non euclidienne et à « certains théorèmes de Rieman »[252]. A la lumière de ce plaidoyer en faveur du cubisme, les *3 Stoppages étalon* de Duchamp peuvent être lus comme une réponse directe aux propos de Gleizes et Metzinger : « Cet espace, [l'espace pictural HM], on a négligemment accoutumé de le confondre soit avec l'espace visuel pur, soit avec l'espace euclidien. » Et puis :

« Euclide, en l'un de ses postulats, pose l'indéformabilité des figures en mouvement, cela nous épargne d'insister. Si l'on désirait rattacher l'espace des peintres à quelque géométrie, il faudrait en référer aux savants non euclidiens, méditer certains théorèmes de Riemann[253]. » Le postulat euclidien de l'indéformabilité des figures en mouvement suppose bien sûr que ce mouvement survienne dans une seule et même dimension (par exemple : la translation de deux triangles sur une surface). Le pseudo-schéma expérimental de Duchamp contrevient à ce principe puisqu'il consigne les transformations de la droite idéale après son déplacement à travers l'espace physique tridimensionnel. En d'autres termes : nous n'avons pas affaire ici à un raisonnement géométrique mais pseudo-géométrique. Les *3 Stoppages étalon* ne symbolisent pas uniquement une remise en question de la géométrie euclidienne comme l'écrit Henderson mais aussi de tous les concepts axiomatiques, y compris ceux de la géométrie non euclidienne[254]. Les peintres et critiques parisiens qui cherchaient à légitimer scientifiquement la « manière de peindre » des cubistes se cantonnaient dans un discours de justification rationaliste en se bornant à remplacer la géométrie euclidienne par la géométrie non euclidienne. A l'ancienne convention se substitue une convention plus élaborée qui, parce que expliquant la perception du monde de manière apparemment « plus exacte », doit servir de base à la nouvelle façon de peindre[255]. Duchamp au contraire fait éclater de l'intérieur le discours scientifico-rationaliste en intégrant certains théorèmes de la géométrie non euclidienne à une expérience dont le résultat est une géométrie nouvelle, ludique, se soustrayant à tout contrôle rationnel puisqu'elle se fonde sur des étalons définis par le hasard[256]. Duchamp est tout à fait conscient du caractère absurde de cette démarche. Parallèlement à la « géométrie absurde » dont procèdent les *3 Stoppages étalon* de 1913-1914, il s'essaye aussi à une « absurde algébrique » comme l'attestent certaines de ses notes[257]. Comment se tourner vers l'irrationnel par le biais de stratégies artistiques rationnelles[258] ? A cette question qui le préoccupe, les *3 Stoppages étalon* sont la première œuvre à offrir une réponse : en ouvrant l'art au hasard. Un acte dont Duchamp dit à la fin de sa vie qu'il est sa contribution majeure à l'art[259]. Scientifique, « l'idée de la fabrication » des *3 Stoppages étalon* l'est dans la mesure où la recherche est l'essence de ce que nous nommons la science. Et c'est cette caractéristique qui signifie l'ouverture sur de nouveaux domaines de pensée et de représentation que Duchamp transpose avec ses nouvelles unités de mesure au champ du travail artistique, posant par là les premiers jalons d'une démarche qui jouit d'une grande actualité dans l'art contemporain : l'art, parallèlement à la science, se fait recherche.

Contrairement aux définitions des courbes de la géométrie non euclidienne, les *3 Stoppages étalon* sont totalement inutilisables pour le travail scientifique. Ils ne sont utilisables que pour le travail artistique, la création d'un monde de formes individuel, fantastique. Paradoxalement, ils ne craignent aucunement le regard critique des scientifiques. Car, comme le constate Poincaré, s'il n'y a pas « intuition de la distance, de la direction, de la ligne droite[260] », alors l'espace est amorphe et n'est structuré que par l'entendement et l'imagination de l'homme. Duchamp réussit à rendre visible cet état amorphe de l'espace dans ses *3 Stoppages étalon* en laissant au hasard le soin de structurer l'étalon de la distance. Cette forme de tableau en trois volets est inédite dans les Beaux-Arts. Elle n'est ni représentation, ni peinture pure mais *Denkbild*, concept. Avec les *3 Stoppages étalon*, Duchamp analyse et met en évidence l'invisible fondement sur lequel repose l'intuition apparemment si naturelle de la ligne droite et de la géométrie qui en découle. Ils ouvrent dans l'œuvre de Duchamp le chapitre d'un art non pas scientifique mais méta-scientifique et ironique. La logique scientifique, et la métaphorique qui le sous-tend invisiblement, est son objet et non sa méthode. A travers ses *3 Stoppages étalon*, Duchamp plaide moins en faveur d'une nouvelle géométrie que d'une imagination sans frontières, libre de toute directive et de toute règle scientifique ou esthétique.

Aussi Duchamp a-t-il déploré que l'ironie soit absente de l'interprétation que sa première admiratrice américaine, Katherine S. Dreier donne de son œuvre : « Miss Dreier was correct in stressing the spiritual and poetic aspect of my work ; but she lost some of its values by not allowing for the ironic aspects[261]. » Depuis cette appréciation de Dreier remontant aux années 1920, le regard porté sur l'œuvre de Duchamp au-delà de l'Atlantique n'a guère changé. Une grande partie de la littérature et de la recherche aux États-Unis ignore ou minimise encore aujourd'hui l'élan ironique et critique envers la science qui habite son œuvre[262].

Digression sur la géométrie de Tu m'

C'est dans cette dernière peinture à l'huile intitulée *Tu m'* que les *3 Stoppages étalon* trouvent en 1918 à New York leur application la plus détaillée et la plus picturale (ill. 30). Le fait qu'une reproduction de cette peinture figure en 1935 en tête de l'essai de Breton « Phare de La Mariée » dans la revue *Minotaure* explique pourquoi les *3 Stoppages étalon* sont déjà connus du monde de l'art avant même d'avoir été exposés ou d'avoir reçu leur forme définitive sous laquelle ils se présentent encore aujourd'hui[263]. Katherine S. Dreier l'ayant prié de peindre un tableau de format étiré pour occuper un long espace vide au-dessus de la bibliothèque de son salon, Duchamp se décide pour une sorte d'allégorie moderne de la peinture. Le tableau, qui illustre la somme de ses réflexions sur la géométrie métrique, projective et topologique, n'est toujours pas décrypté à ce jour dans toute sa complexité[264]. Comme nous ne pouvons nous livrer ici à une analyse détaillée, nous nous contenterons, outre quelques remarques de caractère général, de considérer cette peinture sous l'aspect des *3 Stoppages étalon*. Afin d'intégrer à sa peinture les trois

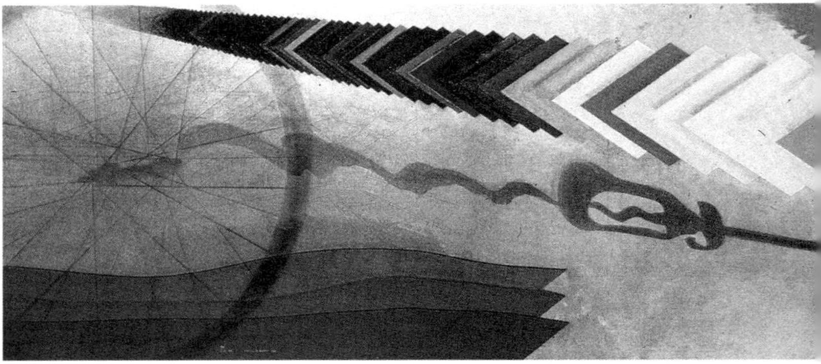

30 *Tu m'*, 1918, huile et crayon sur toile avec un goupillon, 3 épingles de sûreté et un écrou, 69,8 × 313 cm. Yale University Art Gallery, New Haven, Connecticut, legs de Katherine S. Dreier, 1953

lignes sinueuses du « mètre diminué », Duchamp fait découper trois règles en bois d'après le tracé des fils de son expérience. Celles-ci sont représentées l'une derrière l'autre au format 1/1 en perspective parallèle, c'est-à-dire sans réduction en profondeur, dans l'angle inférieur gauche du tableau. On reconnaît aux traces de peinture noire et rouge, encore visibles aujourd'hui, que les lignes incurvées de *Tu m'* ont été tracées à l'aide des règles courbes. Le rouge et le noir sont non seulement les couleurs des arêtes de deux des règles courbes mais aussi celles des arêtes incurvées du corps géométrique à droite du tableau.

L'espace en tant que système de dimensions mobiles dans un continuum quadridimensionnel est représenté sous forme d'ombres portées et d'objets réels. Si l'on conçoit, comme Duchamp, que les objets réels des ready-made peuvent être l'ombre portée tridimensionnelle d'entités quadridimensionnelles[265], on discernera sur la toile – par l'intermédiaire de leurs ombres portées bidimensionnelles – la présence de deux ready-made : la *Roue de bicyclette* (1913) et le porte-chapeau Thonet (1918) auxquels s'ajoute un troisième objet, un

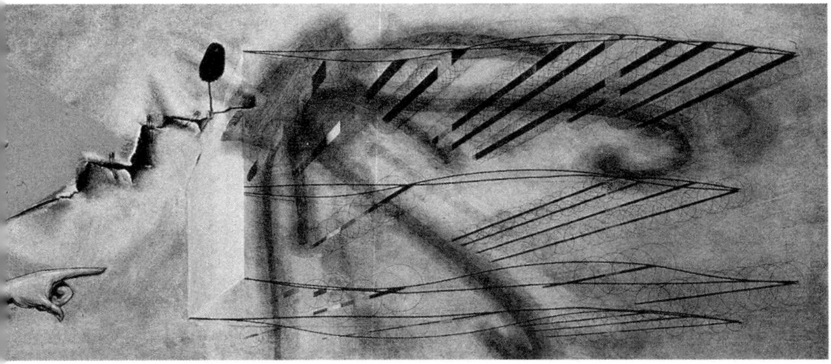

ouvre-bouteille n'ayant pas été attesté comme ready-made et n'ayant probablement jamais existé. Un goupillon, objet réel, disposé verticalement au plan pictural et qui, éclairé en conséquence, jette une ombre réelle à côté ou sur les ombres portées peintes. Ce procédé génère un inextricable dialogue entre ombres portées réelles et peintes et fait que notre imagination s'envole du monde pictural au monde réel. De même, deux autres objets réels interrogent les frontières entre la réalité et l'illusion. Il s'agit à l'avant du tableau d'un écrou hexagonal qui semble fixer un obélisque d'échantillons en forme de losanges aux tons dégradés arrivant d'un lointain point de fuite et de trois épingles à nourrice fermant une déchirure peinte en trompe-l'œil, autant d'indices tendant à souligner la parenté entre le métier de peintre et celui d'illusionniste.

L'élément pictural le plus difficile à déchiffrer de *Tu m'* est de loin la structure géométrique complexe à droite du tableau, dont les lignes incurvées des *3 Stoppages étalon* constituent les contours. La géométrie métrique et projective y est figurée sous la forme de deux projections en perspective linéaire : c'est d'une part le système perspectif des losanges multicolores placé en haut du tableau et d'autre part un faisceau de lignes orthogonales d'apparence segmentée fuyant en diagonale vers le bas du tableau. Elles aboutissent en profondeur sur les arêtes extérieures d'un cube transparent dont les droites ont été remplacées par deux des trois lignes incurvées des trois *Stoppages étalon*. Le carré blanc à gauche du cube est une intersection du faisceau perspectif des tiges de couleurs. En d'autres termes, nous sommes en présence d'un cube virtuel dont la configuration découle des principes de la géométrie tant euclidienne que non euclidienne revue à la manière ludique propre à Duchamp. Il semble que l'artiste ait cherché à conjuguer la géométrie euclidienne qui sous-tend la construction perspective linéaire dans laquelle est intégré le carré blanc, c'est-à-dire le côté gauche du cube, avec l'Analysis Situs dont les principes « resteraient vrais si les figures étaient copiées par un dessinateur malhabile qui altérerait grossièrement toutes les proportions et remplacerait les droites par des lignes plus ou moins sinueuses[266] ».

On est tenté d'imaginer que Duchamp, esquissant sa dernière peinture, avait à ses côtés les livres de Poincaré selon qui un mètre droit et un mètre incurvé seraient, du point de vue de la géométrie « supérieure » ou « qualitative », équivalents. Cette équivalence issue des principes de l'Analysis Situs est figurée d'une part dans l'angle inférieur gauche du tableau sous la forme des règles courbes des *3 Stoppages étalon* et d'autre part sous la forme de deux des lignes incurvées intégrées dans la construction d'un corps tridimensionnel d'après les lois de la géométrie projective[267]. En même temps, Duchamp cherche, en substituant à une droite deux des lignes incurvées résultant du hasard, à conférer à nouveau au polyèdre « l'à peu près du "toujours possible" » (déjà abordé dans ce propos) qu'il a perdu en se pliant aux contraintes de la perspective linéaire. Pourtant, le choix des couleurs rouge et noire pour le polyèdre pourrait ne pas procéder du hasard : ne serait-ce pas plutôt une révérence à Henri Poincaré qui sous le titre « Rouge et Noir » discute l'application du calcul des probabilités aux jeux de hasard dans son ouvrage *La Science et l'Hypothèse*[268] ?

Six ans plus tard, Duchamp tente de déjouer le hasard en choisissant la martingale « rouge et noir » pour la création d'une *Obligation pour la roulette de Monte-Carlo* (ill. 34). Nous reviendrons un peu plus loin sur cette œuvre.

Le titre *Tu m'* invite à l'imagination d'un verbe complémentaire : « Tu m'embêtes », « Tu m'emmerdes[269] »... Il semble que Duchamp ait mis par là un terme à ses réflexions géométriques mais aussi à ses préoccupations purement picturales. Cet adieu à la peinture est une sorte de traité de perspective peint au pinceau de l'humour. Tout comme les illustrations sur la projection correcte de l'ombre portée dans *La perspective nécessaire à tous les peintres...* de Jean du Breuil, l'ombre portée du ready-made du porte-chapeau s'est bel et bien « enchevêtrée » dans les lignes de projection perspectivistes du corps tiraillé entre les lois euclidiennes et non euclidiennes dans la partie droite du tableau. Sous son apparence extérieure, *Tu m'* offre presque la précision géométrique d'une peinture de la Renaissance, quant à sa teneur, il n'a pas la prétention scientifique des tableaux perspectivistes d'un Piero della Francesca ou d'un Léonard de Vinci mais aspire à une pseudo-géométrie ludique qui illustre la relativité de la représentation géométrique dans l'espace, voire l'arbitraire total des modèles de représentation géométrique de l'univers.

VI. La crise du concept de vérité scientifique

La thèse énoncée par Henri Poincaré selon laquelle non seulement les axiomes géométriques mais aussi la plupart des lois physiques, tels les axiomes de Newton ou le théorème de la conservation de l'énergie, reposent sur de simples conventions, engendre au tournant du siècle dans les milieux philosophiques français un vif débat sur la vérité de la science[270]. La « Société française de philosophie » en est le forum principal, de même que la publication bimensuelle, la *Revue de métaphysique et de morale*[271]. Des personnalités comme Gaston Milhaud (1858-1918) et Édouard Le Roy (1870-1954), philosophes-mathématiciens, ainsi que Pierre-Maurice Duhem (1861-1916), physicien-philosophe, sont, à côté de Poincaré, les protagonistes de cette controverse. Édouard Le Roy en particulier, condisciple d'Henri Bergson, se distingue par les conclusions radicales qu'il tire des thèses « conventionnalistes » de Poincaré[272] : au fil de plusieurs articles publiés de 1899 à 1901 dans la *Revue de métaphysique et de morale*, Le Roy formule une critique fondamentale du rationalisme scientifique, qui, poussant plus loin la théorie conventionnaliste de Poincaré, soutient que les principes et les lois scientifiques sont des constructions arbitraires de la part des chercheurs, et, par conséquent, ne peuvent pas répondre au critère de vérité objective[273]. Les sciences, souligne-t-il, sont seulement à même de créer des systèmes de relations quantitatives qui présentent certes une utilité pratique mais ne sont pas aptes à appréhender le monde réel. Ceci demeure l'apanage de la pensée métaphysique et fait en particulier appel au sentiment, à l'intuition et à la foi. La critique de la science formulée par Le Roy agite tellement les esprits au sein de la Société française de philosophie que Poincaré se voit incité à prendre position en 1902. Il le fait dans un essai intitulé « Sur la valeur objective de la Science » dans la *Revue de métaphysique et de morale*, essai repris tel quel en 1905 dans *La Valeur de la science*[274]. Poincaré résume en ces termes la théorie philosophique de Le Roy dont il souligne le scepticisme et le profond anti-intellectualisme : « La Science n'est faite que de conventions, et c'est uniquement à cette circonstance qu'elle doit son apparente certitude ; les faits scientifiques, et *a fortiori*, les lois sont l'œuvre artificielle du savant ; la science ne peut donc rien nous apprendre de la vérité, elle ne peut nous servir que de règle d'action. On reconnaît là la théorie philosophique connue sous le nom de nominalisme ; tout n'est pas faux dans cette théorie ; il faut lui réserver son légitime domaine, mais il ne faudrait pas non plus l'en laisser sortir[275]. » Nous ne savons pas si Duchamp a lu tel essai ou tel livre de Le Roy[276] ou encore l'imposant ouvrage d'Abel Rey *La théorie de la physique chez les physiciens modernes* de 1907 qui rend compte de manière à la fois directe et indirecte de la controverse entre le Roy et Poincaré[277]. Une chose est certaine : en lisant le chapitre « La Science est-elle artificielle ? » dans *La Valeur de la science* de Poincaré, il découvre les thèses critiques de Le Roy. Au cœur du débat entre Poincaré et le Roy, Duchamp prend nettement parti en faveur du point de vue du philosophe. Tout comme Le Roy, il radicalise la théorie conventionnaliste de Poincaré en souscrivant au nominalisme selon lequel les lois scientifiques ne seraient que des constructions de savants ; tout comme lui, il généralise, jusqu'au scepticisme total, les thèses de Poincaré sur la relativité des axiomes, des principes et des lois.

Pour réfuter l'affirmation de Le Roy, selon laquelle « le savant crée le fait », Poincaré distingue entre le « fait brut » et le « fait scientifique » en soulignant que, s'il n'est pas certain que le savant crée le fait brut, il crée au moins le fait scientifique, la question du « vrai » ou du « faux » n'étant applicable qu'au premier[278]. Un fait, rendu par l'énoncé « Il fait noir », est « toujours vérifiable et pour la vérification nous avons recours soit au témoignage de nos sens, soit au souvenir de ce témoignage. C'est là proprement ce qui caractérise un fait[279] ». Dès que la phrase est l'énoncé d'une convention, cela n'a aucun sens de distinguer entre le vrai et le faux « puisqu'il ne saurait être vrai malgré moi et qu'il est vrai seulement parce que je veux qu'il le soit. Quand je dis, par exemple, l'unité de longueur est le mètre, c'est un décret que je porte, ce n'est pas une constatation qui s'impose à moi. Il en de même [...] du postulatum d'Euclide[280] ». Poincaré conjugue donc la question du mètre étalon à celle du postulat d'Euclide, raisonnement que Duchamp reprend à son compte au sujet des *3 Stoppages étalon* dans ses réponses au questionnaire du Museum of Modern Art. Que toutes les unités de mesure soient des définitions dont la reconnaissance universelle repose sur des « conventions » tombe sous le sens. N'a-t-il pas fallu en effet des décennies de travaux scientifiques et d'efforts politiques pour parvenir à un tel accord à l'échelle internationale, sans que pour autant le système décimal soit reconnu comme système de mesure officiel par tous les États ? La question qui préoccupe à l'époque la théorie scientifique n'est pas de savoir si le mètre étalon repose sur une convention mais si celle-ci a été arbitrairement adoptée.

Le mètre étalon est un enfant de la Révolution française, qui a fait la fierté de tous les intellectuels français et qui la fait encore. Le musée national des Techniques lui a ainsi rendu hommage par une exposition à l'occasion de la célébration du bicentenaire de la Révolution française[281]. Pour uniformiser les mesures et les poids dans tout le pays, l'Assemblée nationale décide en 1791 de remplacer les nombreux poids et mesures en cours par une unité de mesure « républicaine » à caractère universel. Comme celle-ci doit être valable non seulement pour les Français mais pour tous les hommes, l'Académie des sciences propose de choisir comme base du nouveau système de mesures une unité « naturelle et universelle[282] », à savoir la

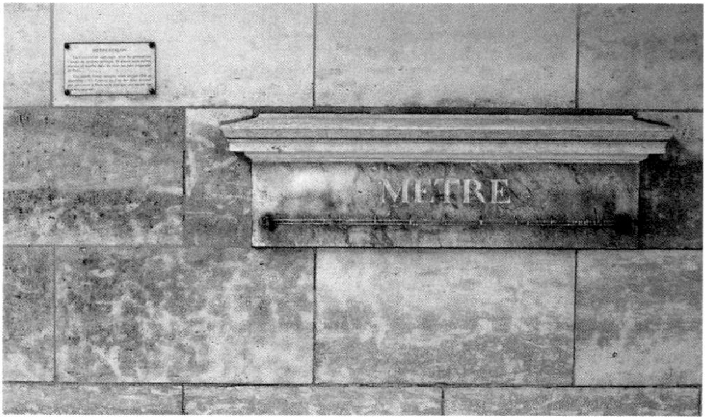

31 La Convention nationale, afin de généraliser l'usage du système métrique, fit placer seize mètres étalons en marbre dans les lieux les plus fréquentés de Paris. Ces mètres furent installés entre février 1796 et décembre 1797. Ce mètre, en face du Sénat, est l'un des deux derniers qui subsistent à Paris et le seul qui se trouve encore sur son site originel. Photo : Herbert Molderings

grandeur du quart du méridien terrestre. Ainsi le « mètre » est-il défini comme « formant la dix-millionième partie de l'arc de méridien terrestre compris entre le pôle Nord et l'équateur[283] ». Dès 1797, la Convention nationale fait disposer sur les murs des édifices officiels les plus en vue de Paris des étalons de la nouvelle unité de longueur (ill. 31). Ce n'est cependant qu'en 1799, à l'issue d'une campagne de mesure du méridien terrestre entre Dunkerque et Barcelonne, que la longueur du mètre est définitivement fixée par une commission de savants et qu'est déposé un prototype définitif aux Archives nationales. De la définition du mètre découlent alors les unités de mesure des volumes et des poids, à savoir le litre et le gramme[284].

Un réseau complexe de coopération scientifique et politique est élaboré dans la seconde moitié du XIXe siècle pour établir la validité internationale du mètre étalon « républicain » et du système décimal qui en découle. Le gouvernement français en confie la tâche en 1870 à la Commission internationale du mètre et en 1875 est adoptée une « Convention du mètre » que signent dix-sept États. Sur cette convention s'appuient les travaux du Comité international des poids et mesures qui supervise les recherches du Bureau international des poids et mesures et prépare les décisions de l'organe hiérarchique supérieur, la Conférence générale des poids et mesures. C'est elle qui lors de sa première réunion en 1889 décide de fabriquer les prototypes internationaux du mètre et du kilogramme déposés par la suite au Bureau international des poids et mesures dans l'enceinte du pavillon de Breteuil à Sèvres[285]. C'est ainsi que l'illustre mètre étalon voit le jour, matérialisé par une barre à profil en X de 102 centimètres de long en platine iridié (quatre-vingt-dix pour cent de platine et dix pour cent d'iridium) qui aujourd'hui encore est conservée dans une salle climatisée du pavillon (ill. 32). Étant donné que le mètre matérialisé par la barre de métal ne peut pas dépasser en exactitude la valeur de 10^{-8} et que la mesure des longueurs d'onde et la télémétrie des satellites exigent une exactitude de 10^{-11}, la Conférence générale des poids et mesures décide en 1983 de définir le mètre par une autre unité « naturelle et universelle », à savoir la vitesse de la lumière : depuis, le mètre est défini comme la distance que parcourt la lumière dans le vide en 1/299 792 458 de seconde[286].

« L'expérience nous guide dans ce choix des étalons qu'elle ne nous impose pas », écrit Poincaré dans *La Science et l'Hypophèse*, « elle nous fait reconnaître non quelle est la géométrie la plus vraie, mais quelle est la plus *commode*[287] ». Mais si les sciences dites exactes comme les mathématiques et la physique sont censées privilégier le confort intellectuel au détriment de la vérité, comment justifier alors la supériorité du raisonnement scientifique sur les autres formes de raisonnement ? Pourquoi même s'en remettre aux sciences et ne pas laisser au hasard le soin de fixer les standards ? En modifiant dans ses *3 Stoppages étalon* l'unité de mesure officielle qu'est le mètre étalon, Duchamp radicalise la théorie de Poincaré, à savoir que non seulement les règles et les définitions scientifiques sont de simples conventions mais que tous les critères sont pareillement valables, qu'ils soient de nature personnelle ou qu'ils relèvent du hasard, voire de l'arbitraire.

« Ces règles ne s'imposent pas à nous », lit-on encore sous la plume du mathématicien dans *La Valeur de la science*, « on pourrait s'amuser à en inventer d'autres ; cependant on ne saurait s'en écarter sans compliquer beaucoup l'énoncé des lois de la physique, de la mécanique, de l'astronomie. Nous choisissons donc ces règles, non parce qu'elles sont vraies, mais parce qu'elles sont les plus commodes. En d'autres termes, toutes ces règles, toutes ces définitions ne sont que le fruit d'un opportunisme inconscient[288] ». Comment ne pas déceler sous ces termes la ligne de conduite de Duchamp ? En ironisant sur la prétention de vérité des sciences, Duchamp opte pour une approche ludique et humoristique consistant à inventer d'autres règles et pour ce faire à « compliquer beaucoup l'énoncé des lois de la physique, de la mécanique, de l'astronomie », voilà bien ce qu'il fait en dessinant en 1913-1915 pour le tableau de la *Mariée mise à nu par ses célibataires, même* « une réalité possible en distendant un peu les lois physiques et chimiques[289] ». Ce que le mathématicien formule comme un jeu de l'esprit, l'artiste Duchamp en fait sa méthode dès 1913, non seulement pour le *Grand Verre,* mais pour toutes ses expériences artistiques futures.

C'est au plus tard lorsqu'il essaie, avec *La Mariée mise à nu par ses célibataires, même,* de remettre la peinture au service de l'esprit que Duchamp est convaincu de la nature arbitraire, voir mythologique, de toute pensée scientifique. « Leurs [sous-entendu les scientifiques, HM] soi-disant démonstrations dépendent de leurs conventions. Tautologies que tout cela [...] La science n'est qu'une mythologie, ses lois et sa matière elle-même sont de purs mythes, et n'ont ni plus ni moins de réalité que les conventions d'un jeu quelconque », aurait-il

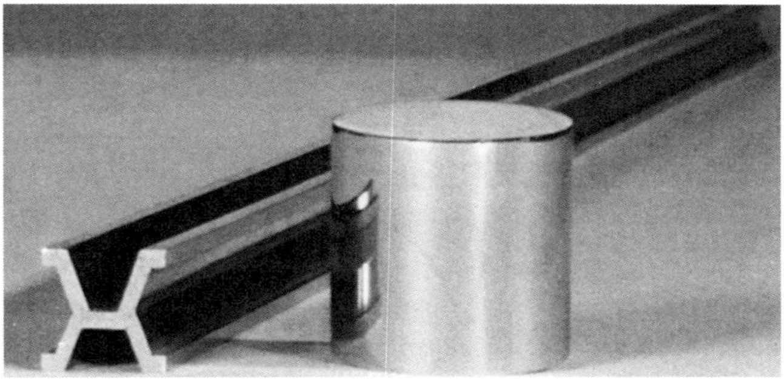

32 Prototypes du mètre et du kilogramme de 1889, Bureau international des poids et mesures, Sèvres, pavillon de Breteuil

déclaré en 1945 à Denis de Rougemont, écrivain et philosophe suisse[290]. C'est tout à fait le langage d'Édouard Le Roy qui définit la science comme un système de règles qui permettait, certes, d'agir mais qui, eu égard à la véritable connaissance de l'Être, ne signifiait rien de plus que les règles d'un quelconque jeu. « La science rationnelle – terme extrême de la connaissance discursive – n'est qu'un jeu purement formel d'écriture sans signification intrinsèque » écrit-il en 1899 sous le titre « Science et Philosophie » dans la *Revue de métaphysique et de morale*[291]. Duchamp a fait sienne cette conception, comme le prouve une lettre de 1956 au poète surréaliste Jehan Mayoux dans laquelle il écrit : « Toutes ces balivernes, existence de Dieu, athéisme, déterminisme, libre arbitre, sociétés, mort, etc., sont les pièces d'un jeu d'échecs appelé langage et ne sont amusantes que si on ne se préoccupe pas de "gagner et de perdre cette partie d'échecs". – En bon "nominaliste", je propose le mot "patatautologies" qui, après répétition fréquente, créera le concept de ce que j'essaie d'exprimer par ce moyen exécrable : le sujet, le verbe, le complément… etc.[292]. » Poincaré ne partage aucunement cette théorie nominaliste de la science, même s'il lui a livré plus d'un argument dans ses articles philosophiques[293]. Aussi répond-il, pour effacer tout malentendu, aux thèses de Le Roy dans l'essai intitulé « Sur la valeur objective de la science » de 1902 : « La règle du tric-trac est bien une règle d'action comme la science, mais croit-on que la comparaison soit juste et ne voit-on pas la différence ? Les règles du jeu sont des conventions arbitraires et on aurait pu adopter la convention contraire *qui n'aurait pas été moins bonne.* Au contraire, la Science est une règle d'action qui réussit, au moins généralement et, j'ajoute, tandis que la règle contraire n'aurait pas réussi[294]. » C'est la « réussite », à savoir la capacité de prévoir (vérifiée par l'expérience) que les événements se reproduiront si les conditions demeurent les mêmes, qui fait la différence entre les règles scientifiques et celles d'un quelconque jeu. Poincaré revient sur ce point dans *La Science et l'Hypothèse* pour souligner que si les principes scientifiques reposent sur des conventions, celles-ci ne sont aucunement de nature arbitraire : « La loi de l'accélération, la règle de la composition des forces ne sont-elles donc que des conventions arbitraires ? Conventions, oui ; arbitraires, non ; elles le seraient si on perdait de vue les expériences qui ont conduit les fondateurs de la science à les adopter, et qui, si imparfaites qu'elles soient, suffisent pour les justifier. Il est bon que, de temps en temps, on ramène notre attention sur l'origine expérimentale de ces conventions[295]. » A la différence de Le Roy et Duchamp, Poincaré pense que le fait que les règles et les lois scientifiques soient relatives et provisoires ne signifie pas qu'elles relèvent d'une définition arbitraire. Pour lui, elles ne sont pas l'œuvre artificielle d'un individu mais le résultat naturel d'un discours entre scientifiques, discours qui est constamment passé au crible de la physique expérimentale.

« Quelques personnes ont exagéré le rôle de la convention dans la Science ; elles sont allées jusqu'à dire que la Loi, que le fait scientifique lui-même étaient créés par le savant », se défend Poincaré dans l'introduction à *La Valeur de la science* contre le scepticisme des conclusions tirées de ses thèses. « C'est là aller beaucoup trop loin dans la voie du nominalisme. Non, les lois scientifiques ne sont pas des créations artificielles ; nous n'avons aucune raison de les regarder comme contingentes, bien qu'il nous soit impossible de démontrer qu'elles ne le sont pas[296]. » Cette formulation qui s'inscrit du reste dans le reproche principal que lui adressent ses critiques n'est cependant pas sans ambiguïté par son manque de précision philosophique et linguistique. C'est pour Gaston Milhaud le défaut majeur de son livre *La Science et l'Hypothèse* : « Et en fait, malgré ses efforts pour justifier par leur opportunité les conventions et les définitions, il donnera toujours le sentiment qu'à ses yeux elles impliquent quelque chose de contraire à l'objectivité vraie, quelque chose qui y supplée sans doute le mieux possible, mais qui en même temps s'y oppose[297]. [...] Et voilà pourquoi M. Poincaré dépouillera si aisément de *vérité* les définitions fondamentales de la science ; voilà pourquoi il nous amènera – malgré ses efforts pour s'y opposer – à douter de leur objectivité ; et voilà pourquoi enfin, depuis les postulats de la géométrie jusqu'au cœur même de la science de la Nature, il laissera subsister quelque chose d'arbitraire, d'indéterminé, d'insuffisamment justifié, qui malgré tout nous trouble et nous inquiète[298]. » Même les commentateurs bienveillants ont du mal à persuader leurs lecteurs que le relativisme et le conventionnalisme de Poincaré « n'impliquent nullement la ruine du réalisme » dans les sciences[299]. Dans son livre *Science et philosophie* publié en 1912, le mathématicien Jules Tannery commente le débat sur la vérité scientifique soulevé par Poincaré : « Qu'elle ne soit qu'un discours, un jeu de définitions, de conventions puis de déductions formelles, c'est ce que quelques philosophes, dont le talent scientifique n'est d'ailleurs pas contestable, se sont plu à soutenir. M. Poincaré leur avait fourni quelques armes, dont ils avaient su profiter et d'ailleurs, tout n'est pas faux dans leur argumentation, puisque, quand la Science s'organise sous une forme logique, il faut bien mettre les définitions au commencement ; à celui qui débute, ces définitions peuvent sembler arbitraires, et c'est, très souvent, l'ensemble même des déductions, l'accord des conclusions avec la réalité expérimentale, qui justifient ces définitions au moins d'une façon provisoire. Sans rien retirer de ce qu'il avait dit auparavant, M. Poincaré montre clairement que, si la Science est relative à l'homme, elle n'est pas relative à un individu, ce savant, qu'elle n'est pas une œuvre artificielle, mais bien le produit naturel d'une entente[300]. »

A la lumière de ces propos, les *3 Stoppages étalon* sont bel et bien « une œuvre artificielle » reposant sur des standards arbitraires créés par le hasard, œuvre artificielle « relative à un individu, ce savant » en la personne de l'artiste qu'est Duchamp. Tant par leur origine expérimentale que par leur vocation pratique, ils ne procèdent que d'une seule et même personne, à savoir l'artiste qui les a créés. Ils n'ont de signification que dans son monde à lui, sa conscience, son imagination, sa conception de l'art. Duchamp lui-même a parfaitement explicité cet état de fait en appliquant sa griffe au dos des toiles : « 3 stoppages étalon ; appartenant à Marcel Duchamp ». Son idée de « depersonalizing straight lines » par son expérience du fil va de pair avec la vision d'une nouvelle forme d'étalon, un étalon « re-personnalisé » en quelque sorte : cette négation de la subjectivité du geste plasticien ramène, en ce qui concerne le mètre, aux temps d'avant 1795. Au mètre étalon universel se substitue une unité de longueur personnelle, cet « étalon de longueur, appartenant à Marcel Duchamp » qui rappelle bizarrement les étalons royaux que l'on peut voir au musée des Arts et Métiers à Paris – à côté du « mètre en platine », dit « mètre du Conservatoire » de 1799[301].

Linda D. Henderson et Craig E. Adcock ont interprété les *3 Stoppages étalon* comme étant une « œuvre d'art conventionnelle » traduisant dans le langage de l'art le conventionnalisme de Poincaré en matière de science[302]. Or en réalité, les *3 Stoppages étalon* poussent jusqu'à l'absurde la théorie du conventionnalisme. Chez Poincaré, la thèse selon laquelle les principes et les lois scientifiques reposeraient essentiellement sur des conventions ne veut pas dire, répétons-le, que celles-ci sont arbitraires ou quelconques. Au contraire, les conventions scientifiques sont, premièrement, fondées sur des méthodes expérimentales, et deuxièmement, ne sont pas décrétées par un seul individu mais sont le fruit d'un consensus entre scientifiques, lequel est constamment soumis, sur la base de nouvelles données expérimentales, à une vérification, à un élargissement et le cas échéant à une redéfinition[303]. Le critère de « commodité » avancé par Poincaré au sujet des conventions n'a guère de rapport avec le concept de « confort » ou de « commodité » dans son acception courante. Au sens de Poincaré, la « commodité » en matière de critères scientifiques signifie la « simplicité » formelle qui sous-tend les mathématiques et la concordance – aussi exacte que possible – entre les principes et les lois d'une part et les données qui découlent d'une approche expérimentale d'autre part. La théorie conventionnaliste de Poincaré vis-à-vis des sciences remet en question le caractère absolu des axiomes géométriques et des principes et lois scientifiques, mais pas la capacité fondamentale de la pensée scientifique à se rapprocher le plus possible de la « vérité ». Duchamp en revanche doute par principe de la valeur de la science comme moyen d'atteindre à la connaissance du réel et, à l'instar de Le Roy et Bergson, ne lui concède plus qu'une fonction purement technique et pratique.

Penchons-nous à nouveau sur le nominalisme. A peu près au moment où le monde intellectuel prend connaissance de la réponse de Poincaré au nominalisme de Le Roy, Duchamp, réalisant ses *3 Stoppages étalon*, note l'idée suivante : « Une sorte de *Nominalisme pictural* (Contrôler)[304] », formulant sans doute son intention de transposer le nominalisme aux arts plastiques, à la peinture. Ce qui signifie deux choses. Premièrement pratiquer l'art pictural comme un jeu, sans prétendre à une vérité quelconque, sans aspirer à « la grandeur des formes métaphysiques » (Apollinaire)[305] ni aux idéaux de la science et de la technique (futurisme) et sans se rallier aux

« lois éternelles » de l'art (Gleizes)[306]. Deuxièmement « mettre à nu » les principes géométriques qui sous-tendent la peinture depuis la Renaissance comme étant des constructions artistiques arbitraires n'ayant aucune valeur objective. Duchamp réalise ce projet en concrétisant par la paroi de verre le plan de coupe invisible traversé par les rayons de la pyramide visuelle et en matérialisant par les fils les rayons visuels fondés sur l'optique euclidienne. Bien des éléments portent à croire que les *3 Stoppages étalon* conçus à l'origine comme tableaux sont une première réalisation du « nominalisme pictural ». De fait, nous sommes en présence de lignes qui peuvent être considérées comme des figures nominalistes, dans la mesure où elles ne se réfèrent à rien de réel en dehors d'elles-mêmes, ni à un état de fait objectif (mimésis) ni à un état de fait subjectif (expression). En même temps, ce sont des œuvres qui ne dissimulent pas leur caractère arbitraire et artificiel en tant que créations de l'esprit d'un seul et même individu.

L'historien-philosophe Abel Rey voit dans la controverse entre Le Roy et Poincaré le signe d'une crise profonde de la conception positiviste du monde sur le modèle de la physique[307], en 1907 il constate : « Si ces sciences qui, historiquement ont été essentiellement émancipatrices, sombrent dans une crise qui ne leur laisse que la valeur de recettes techniquement utiles, mais leur enlève toute signification du point de vue de la connaissance de la nature, il doit en résulter dans l'art logique et dans l'histoire des idées, un complet bouleversement. [...] La physique perd toute valeur éducative ; l'esprit positif qu'elle représentait est un esprit faux et dangereux. Raison, méthode rationnelle, méthode expérimentale, doivent être considérées, en bonne conscience, comme n'ayant aucune valeur de savoir. Ce sont des procédés d'action, ce ne sont pas des moyens de connaissance. [...] La connaissance du réel doit être cherchée et donnée par d'autres moyens. Il faut prévenir l'esprit contre la dangereuse illusion du rationalisme et de l'esprit dit "scientiste" [...] Il faut aller dans une autre voie, et rendre à une intuition subjective, à un sens mystique de la réalité, tout ce que l'on croyait lui avoir arraché[308]. » Édouard Le Roy, catholique engagé et collaborateur aux *Annales de philosophie chrétienne*, travaille dans les années 1910 et 1920 à une théorie de la « pensée intuitive » et cherche à valoriser la foi en tant que forme de connaissance métaphysique *sui generis* contre la logique rationnelle[309]. Contrairement à Le Roy, Duchamp est un sceptique, dont le dessein n'est pas de réanimer le « sens mystique de la réalité » afin de contrecarrer le déclin de la conception positiviste du monde mais de donner du souffle aux forces de l'humour et de l'ironie, afin de « prévenir l'esprit contre la dangereuse illusion [...] de l'esprit dit "scientiste" ». Lui aussi veut faire l'expérience du mystère, du rationnellement non descriptible, non point sous l'aspect religieux mais sous l'aspect esthétique et artistique[310]. Au vu de la perte de sens tant positiviste que scientifique ou métaphysique, la vie n'est pour lui supportable qu'à la condition d'être perçue comme un jeu. « The realization of the game-like nature of life is of greatest importance », tel était l'un de ses principes de base. « We should not strive for absolutes, don't make truth of the rules, recognize that we play the game according to rules as we see them now[311]. » Un jeu et rien d'autre, telle est sa conviction, saisissons l'occasion de nous soustraire à la normativité des lois, au sérieux de la vie et des sciences et d'accéder à un mode d'existence ouvert, sans contraintes ni déterminations[312].

Les *3 Stoppages étalon* de 1913-1914 sont, dans l'œuvre de Duchamp, les premiers à exprimer ouvertement une critique de la science. La conjugaison de trois facteurs – ironie de l'expérience pseudo-scientifique, trivialité des matériaux choisis pour son exécution, non-sens du titre – génère une œuvre qui ne prétend aucunement suggérer ne fût-ce qu'un semblant de sérieux philosophique[313]. C'est cet étrange mélange de critique et d'élan vers la science qui sous-tend toute la création de Duchamp pendant qu'il travaille au *Grand Verre* (1913-1923). Lorsque Linda D. Henderson qualifie la trilogie que constituent la *Boîte de 1914*, les *3 Stoppages étalon* et les travaux préparatoires au *Grand Verre* d'œuvre fondatrice d'une nouvelle identité de Duchamp comme « artist-engineer-scientist », il s'agit là d'un malentendu fondamental[314]. Ainsi résume-t-elle en ces termes ses études des relations entre l'œuvre duchampienne de 1912-1915 et les sciences : « Duchamp found in Leonardo and Poincaré models for his activity as an anti-Cubist artist-engineer-scientist and he used their ideas to undermine the increasingly antimathematical, antiscientific stance of the Bergsonian Puteaux Cubists[315]. » Duchamp cependant ne s'est jamais considéré comme un « artist-engineer-scientist », ses *3 Stoppages étalon* et ses autres œuvres des années 1913-1915 ne sont aucunement des prises de position pro-scientifiques destinées à contrecarrer l'attitude antiscientifique des cubistes du cercle de Puteaux. Bien au contraire, il se sert des idées scientifiques pour les « détourner » afin de remettre en question le primat de la raison scientifique. S'il recourt à la philosophie conventionnaliste de Poincaré pour son expérience pseudo-scientifique des *3 Stoppages étalon*, ce n'est pas seulement pour s'attaquer à la géométrie euclidienne, comme l'écrit Henderson[316], mais pour ironiser sur tous les concepts axiomatiques, y compris ceux de la géométrie non euclidienne, ainsi que la logique de la pensée scientifique d'une manière générale.

En outre, en opposant la démarche duchampienne à celle des peintres cubistes du cercle de Puteaux, à savoir Gleizes, Metzinger, Léger, Delaunay, ses frères Jacques Villon et Raymond Duchamp-Villon entre autres, Henderson simplifie les choses à outrance[317]. Si l'on considère avec quelle insistance Gleizes et Metzinger d'une part cherchent à travers leurs écrits à justifier scientifiquement la nouvelle peinture en se référant à la géométrie non euclidienne, et combien Duchamp d'autre part met en doute non seulement la prétention de vérité de la géométrie euclidienne mais également celle de la géométrie non euclidienne, on est tenté de conclure que c'est bien Duchamp, et non les cubistes de Puteaux, qui s'érige en penseur « anti-mathématicien » et

« antiscientifique ». Henderson, de surcroît, résume en ces termes la quintessence esthétique de la *Boîte de 1914* : « Through his deep interest in science Duchamp declared his allegiance to quantity versus quality, to intelligence over intuition, to the world of Descartes versus that of Bergson[318] [...]. » Certes, en recourant au langage du dessin mécanique et du diagramme scientifique, Duchamp a développé à partir de 1913 des formes d'expression artistique qui s'opposent aux catégories favorites de Gleizes et Metzinger – expression individuelle, intuition, goût – mais ceci n'implique aucunement, contrairement à l'affirmation de Henderson, le refus catégorique de la part de Duchamp de la subjectivité dans l'art. Au contraire, Duchamp développe de nouvelles formes de subjectivité : par la « re-personnalisation » d'une des catégories les plus impersonnelles de la pensée moderne, le mètre étalon, il hisse la « subjectivisation » de la pensée scientifique au rang de principe esthétique. En outre il ne méprise aucunement l'intuition comme étant l'une des forces majeures du processus créateur[319]. Mais à la différence de Gleizes et Metzinger, comme nous l'avons montré au chapitre précédent, Duchamp développe l'intuition à l'intérieur et à partir des conditions de la géométrie elle-même, et ce, en déplaçant les frontières de l'intuition géométrique au-delà des règles du discours scientifique. Il convient aussi de relativiser le point de vue de Henderson quant aux deux extrêmes : bergsoniens sous l'emprise de l'irrationalisme d'une part, et Duchamp, l'artiste pro-rationaliste, d'autre part. Ainsi Duchamp critique-t-il avec véhémence l'utilisation rationaliste du concept « esprit » par Gleizes et Metzinger dans leur ouvrage *Du cubisme* : « When they said there is no reality outside to mind they were using the word mind in its rational sense. I do not feel that this type of thinking was an influence on me. [...] We are not all material or rational. [...] There is more to man than these concepts would imply. In order to explain the part of man that is important but not material or rational I use the word spiritual. It does not imply a religious stand[320]. » Comme Bergson et Le Roy, Duchamp prend position dans ses œuvres d'art à compter de 1913 contre le rationalisme et le positivisme scientifiques. Mais s'il entend par là saper la pensée scientifique, c'est de l'intérieur et non par opposition extérieure. Alors que les philosophes Bergson et Le Roy plaident pour la métaphysique au lieu de la physique, Duchamp opte en sa qualité d'artiste pour une « physique amusante »[321]. Ce faisant, il distend l'argumentation scientifique, de manière souvent imperceptible, jusqu'à ce que l'irrationnel surgisse à l'horizon des preuves et des déductions. Dans la lettre à Paul Matisse citée ci-dessus, Duchamp explique l'incidence de la troisième dimension sur les fils d'un mètre tombant à travers l'espace, laquelle, reprenons ses termes, « invalide, "*irrationnellement*" [souligné par l'auteur] le concept du "plus court chemin d'un point à un autre" (définition classique de la ligne droite)[322] ». Quant à « l'idée de la fabrication » qui sous-tend les *3 Stoppages étalon*, elle ne s'inscrit qu'en apparence dans le cadre de l'argumentation scientifique. Il faut une bonne dose de connaissances de la géométrie et des théories scientifiques pour savoir que la « vérification » d'un postulat géométrique par une expérience de physique est une approche totalement irrationnelle et non scientifique. De ce point de vue, les *3 Stoppages étalon* ne sont pas si éloignés de ladite « antiscientific stance of the Bergsonian Puteaux Cubists » chère à Henderson, à la différence près qu'au lieu de flatter les catégories esthétiques du goût, de l'harmonie et de l'expression, ils formulent leur critique vis-à-vis des sciences sous l'habit d'une esthétique pseudo-scientifique.

Il est permis de douter que Duchamp soit en opposition absolue à la philosophie de Bergson comme le constate Linda Henderson dans *Duchamp in Context*, qui passe sous silence les nombreux points d'accord entre Bergson et Duchamp dans leur critique de la science et de la raison[323]. Nous ne savons cependant presque rien de l'attitude de Duchamp vis-à-vis de Bergson. Ce champ d'études reste encore à découvrir[324]. Quelques-unes de ses notes ou remarques se réfèrent de manière directe ou indirecte aux idées de Bergson[325]. Lors d'une interview, il reconnaît même avoir été influencé par sa philosophie. « I agree that in so far as they recognize the primacy of change in life I am influenced by Bergson and Nietzsche. Change and life are synonymous. We must realize this and accept it. Change is what makes life interesting. There is no progress, change is all we know[326]. » Il est cependant certain qu'il partage le point de vue critique envers la science du bergsonien Le Roy dont il connaît les thèses principales à travers la lecture de Poincaré dans *La Valeur de la science*. Duchamp n'a par ailleurs laissé planer aucun doute sur l'impulsion critique de son art vis-à-vis de la raison. « My work has been an attempt to show that reason is less fruitful than we think », lit-on dans ses entretiens avec Laurence Stephen Gold. « We think we find solutions through this function of rational thought but we do not. The mind is much freer than this type of thought would indicate[327]. »

La logique de Duchamp est la logique relativiste du scepticisme. Ainsi pense-t-il que si le critère de « vérité objective » n'est pas même applicable aux sciences exactes, ses stoppages étalon déterminés par le hasard sont tout aussi « vrais » que le prototype déposé à Sèvres après des années et des années de pénibles efforts de mesurage. Dès 1913, Duchamp se fait un plaisir dans son art à « ruiner le réalisme » de la conception scientifique de l'univers. « It was just the idea that life would be more interesting if you could stretch these things [les lois de la physique et de la chimie, HM] a little. After all, we have to accept these so-called laws of science because it makes life more convenient, but that doesn't mean anything so far as *validity* is concerned », ainsi conclut-il tout à fait dans le style bergsonien d'Édouard Le Roy. « May be it's all just an illusion. We are so fond of ourselves, we think we are little gods of the earth – I have my doubts about it, that's all. The word "law" is against my principles. Science is evidently a closed circuit, but every fifty years or so a new "law" is discovered that changes everything. I just didn't see why we should have such reverence for science, and so I had to give another sort of pseudo explanation. I'm a pseudo all in all, that's my characteristic. I never could stand the seriousness of life, but when the serious is tinted with humour it makes a nicer colour[328]. » C'est cette attitude du « comme si » qui est toujours présente quand Duchamp se réfère aux théorèmes scientifiques. Même l'expérience des trois fils est une pseudo-expérience, elle a sa place non pas dans le domaine de la physique mais de « l'hypophysique[329] » ou de la pataphysique. Reprenons en conclusion les paroles de Duchamp lui-même dans son « A Propos of Myself » : Les *3 Stoppages étalon* « jettent un doute pataphysique sur le concept selon lequel la droite est le plus court chemin d'un point à un autre ».

VII. Doute pataphysique

L'ouvrage fondateur de la pataphysique est le roman néo-scientifique d'Alfred Jarry publié en 1911 à titre posthume sous le titre *Gestes et opinions du Docteur Faustroll, pataphysicien*[330]. Le « huitième livre » intitulé « Éthernité » qui s'ouvre sur le chapitre « De la règle de mesure, de la montre et du diapason » est paru à l'automne 1910 en pré-impression dans la revue *Vers et Prose*[331]. La discipline de la « pataphysique » est, pour reprendre la définition de Jarry, « la science des solutions imaginaires [...] la pataphysique sera surtout la science du particulier, quoiqu'on dise qu'il n'y a de science que du général. Elle étudiera les lois qui régissent les exceptions et expliquera l'univers supplémentaire à celui-ci ; ou moins ambitieusement décrira un univers que l'on peut voir et que peut-être l'on doit voir à la place de l'univers traditionnel[332] ». La pataphysique est donc une science des exceptions, elle ne connaît que des cas particuliers et doit malgré tout déterminer les lois par lesquelles le particulier se distingue du général. En d'autres termes : la pataphysique est une impossibilité logique, ou, sous une formulation positive : elle est, sous l'habit scientifique, un jeu poétique avec le non-sens[333]. A l'oreille de celui qui l'écoute et si les règles du discours scientifique sont respectées, pareille assertion peut sembler merveilleusement rationnelle. Lisons Jarry : « La science actuelle se fonde sur le principe de l'induction : la plupart des hommes ont vu le plus souvent tel phénomène précéder ou suivre tel autre, et en concluent qu'il en sera toujours ainsi. D'abord ceci n'est exact que le plus souvent, dépend d'un point de vue, et est codifié selon la commodité[334]. » Jarry, le poète du grotesque, ne paraphrase-t-il pas par là le mathématicien Poincaré, sans manquer cependant de livrer, au tournant de sa phrase, l'exemple convaincant de cette « physique amusante » sur laquelle Duchamp, deux ans après la parution de Dr Faustroll, établit la scénographie de sa *Mariée mise à nu par ses célibataires, même*[335]. « Et encore ! poursuit Jarry, au lieu d'énoncer la loi de la chute des corps vers un centre, que ne préfère-t-on celle de l'ascension du vide vers une périphérie, le vide étant pris pour unité de non-densité, hypothèse beaucoup moins arbitraire que le choix de l'unité concrète de densité positive *eau* ? Car ce corps même est un postulat et un point de vue des sens de la foule, et, pour que sinon sa nature au moins ses qualités ne varient pas trop, il est nécessaire de postuler que la taille des hommes restera toujours sensiblement constante et mutuellement égale. Le consentement universel est déjà un préjugé bien miraculeux et incompréhensible. Pourquoi chacun affirme-t-il que la forme d'une montre est ronde, ce qui est manifestement faux, puisqu'on lui voit de profil une figure rectangulaire étroite, elliptique de trois quarts, et pourquoi diable n'a-t-on noté sa forme qu'au moment où l'on regarde l'heure[336] » ?

Ce sont ces époustouflantes coïncidences entre le discours poétique moderne et le discours scientifico-philosopique qui fascinent Duchamp en 1912-1913 et qui l'incitent à redéfinir l'activité de l'artiste peintre : ne plus produire en priorité des tableaux pour le monde du commerce ou des expositions, mais inventer de nouvelles formes de pensée artistique. « Ce n'était pas seulement faire un tableau, c'était faire un geste dans la vie qui était aussi esthétique que le tableau », explique-t-il *a posteriori*. « Les choses qui m'intéressaient étaient d'introduire l'humour dans mes productions. C'était un humour qui n'était pas un humour pour rire seulement, ce n'était pas un humour noir non plus, c'était un humour qui ajoutait quelque chose… de sérieux[337]. »

Duchamp se voit en tant qu'artiste dans la tradition de Rabelais, Jarry et Roussel[338]. C'est leur attitude, leur sens

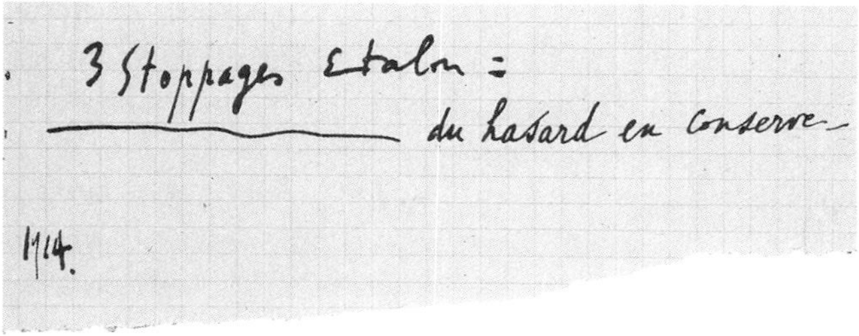

33 Note « 3 Stoppages étalon = du hasard en conserve » de Marcel Duchamp : *La Mariée mise à nu par ses célibataires, même (La Boîte verte)*, Paris, 1934

critique tapi sous l'humour et le non-sens qu'il prend pour modèle pour s'exposer au sérieux des questions philosophiques et scientifiques sans être mesuré aux critères de la logique et du discours philosophique. Les ébauches d'idées réunies dans la *Boîte de 1914*, le concept du « mètre diminué », l'idée de « faire un tableau de hasard heureux ou malheureux » traduisent nettement son désir d'offrir un pendant pictural à la critique littéraire de Jarry vis-à-vis des sciences. La note « arrhe est à art ce que merdre est à merde » se rapporte directement à la célèbre exclamation « Merdre ! » par laquelle le roi Ubu entre en scène dans la pièce de Jarry qui porte son nom[339].

« L'idée du hasard, auquel beaucoup de gens pensaient à cette époque-là, m'avait également frappé », dit Duchamp à Pierre Cabanne pour expliquer sa conception des *3 Stoppages étalon*. « Le hasard m'intéressait comme un moyen d'aller contre la réalité logique[340]. » En effet, peu d'idées ont été discutées avec autant d'intensité au début du XXe siècle dans les essais de théorie scientifique que la part du hasard dans les processus naturels. On ne sait pas si Duchamp a lu les volumineux traités scientifiques sur le hasard ou s'il en a pris connaissance, comme pour la géométrie de Riemann, dans les écrits de Poincaré. Mais il est certain qu'avec ses *3 Stoppages étalon* il a ajouté à toute cette littérature scientifique un « hasard en conserve[341] » (ill. 33).

La prise en compte croissante de la théorie des probabilités dans les théories modernes de physique (thermodynamique, théorie cinétique des gaz) ébranle jusque dans ses fondements le déterminisme de la mécanique classique[342]. Et avec lui le principe d'induction, l'opération mentale qui consiste à remonter à des propositions générales à partir de cas singuliers, est également mis sur la sellette. Sans humour aucun, Poincaré discute cette problématique au chapitre « Contingence et déterminisme » dans son livre *La Valeur de la science*[343]. Mais même sur ce point le mathématicien féru de philosophie n'offre pas de certitude absolue à ses lecteurs. « Les lois expérimentales ne sont qu'approchées, et si quelques-unes nous apparaissent comme exactes, c'est que nous les avons artificiellement transformées en ce que j'ai appelé plus haut un principe. Cette transformation, nous l'avons faite librement, et comme le caprice qui nous a déterminés à la faire est quelque chose d'éminemment contingent, nous avons communiqué cette contingence à la loi elle-même. [...] Je ne veux nullement rechercher ici les fondements du principe d'induction ; je sais fort bien que je n'y réussirai pas ; il est aussi difficile de justifier ce principe que de s'en passer. Je veux seulement montrer comme les savants l'appliquent et sont forcés de l'appliquer. Quand le même antécédent se reproduit, le même conséquent doit se reproduire également ; tel est l'énoncé ordinaire. Mais réduit à ces termes ce principe ne pourrait servir à rien. Pour qu'on pût dire que le même antécédent s'est reproduit, il faudrait que les circonstances se fussent *toutes* reproduites, puisque aucune n'est absolument indifférente, et qu'elles se fussent *exactement* reproduites. Et, comme cela n'arrivera jamais, le principe ne pourra recevoir aucune application[344]. » Poussant plus loin l'argumentation de Poincaré, Jarry et Duchamp plaident tout simplement pour le non respect du principe d'induction. Par son expérience des trois fils, Duchamp ne se contente point de jeter un « doute pataphysique » sur le postulat euclidien mais il le fait également sur le principe du déterminisme, à savoir qu'un phénomène donné sera suivi des mêmes conséquences si les conditions posées demeurent identiques, de sorte qu'une loi – et à partir de celle-ci une prévision – peut en être déduite. Lisons l'expérience des fils à la lumière de la théorie de Poincaré, ou inversement, lisons Poincaré à la lumière de l'expérience de Duchamp : certes, les fils de longueur égale tombant d'une hauteur d'un mètre « dans des conditions à peu près semblables » offrent « dans leur considération chacun à chacun [...] une reconstitution approchée de l'unité de longueur[345] », comment ne pas voir dans cette note de l'artiste un écho au langage prudent et pondéré du mathématicien ? Et que retenons-nous de l'expérience de Duchamp, sinon trois « chutes » distinctes, différentes, individuelles ? Si nous observons ces trois chutes successives, une par une, ou « individuellement pour ainsi dire » pour reprendre les termes de Poincaré, « nous reconnaîtrions alors que parmi ces séquences il n'y en a pas deux qui soient tout à fait pareilles », comment ne pas conclure que le mathématicien a nourri les doutes de l'artiste envers la science[346] ? Il en résulte que tant le principe d'induction que le principe de causalité ne sont plus soutenables. Quant au calcul des probabilités qui intègre lesdites « lois du hasard » dans un système de règles mathématiques, il ne peut pas non plus contribuer à la solution de ce problème philosophique, étant donné qu'il ne peut prévoir qu'en moyenne, et non dans chaque cas, les effets du hasard, comme le démontre Poincaré par le menu dans son troisième ouvrage théorique, *Science et Méthode*, de 1908[347]. De plus, ce calcul échoue quand il ne se rapporte qu'à un petit nombre d'incidences. Impressionné par l'effondrement du déterminisme dans la pensée scientifique contemporaine, Duchamp consigne dans ses notes l'idée d'une « causalité ironique » consistant, et là il se réfère à l'événementiel pictural de son *Grand Verre*, à « donner toujours le pourquoi du choix entre deux ou plusieurs solutions » au lieu d'une seule et « nécessaire » relation de cause à effet[348].

Comme il ne peut y avoir de science sans déterminisme aux yeux de Poincaré, le mathématicien essaie de sauver l'application du principe d'induction en regroupant en séquences les phénomènes semblables. « C'est à la possibilité et à la légitimité d'une pareille classification que se réduit en fin de compte le déterminisme. [...] le principe d'induction serait inapplicable, s'il n'existait dans la nature une grande quantité de corps semblables entre eux, ou à peu près semblables, et si l'on ne pouvait conclure par exemple d'un morceau de phosphore à un autre morceau de phosphore[349]. » Comment ne pas lire comme une note en marge de cette constatation la réflexion suivante de Duchamp dans la phase d'ébauche du *Grand Verre* : « Perdre la possibilité de reconnaître 2 choses semblables – 2 couleurs, 2 dentelles, 2 chapeaux, 2 formes quelconques. Arriver à l'impossibilité de mémoire visuelle suffisante pour transporter d'un semblable à l'autre l'empreinte en mémoire[350]. » Dans *Science et Méthode*, Poincaré définit le problème des singularités comme étant le fondement de tout raisonnement scientifique. « Supposons, lit-on dans cet ouvrage, qu'au lieu de 60 éléments chimiques, nous en ayons 30 milliards, qu'ils ne soient pas les uns communs et les autres rares, mais qu'ils soient répartis uniformément. Alors, toutes les fois que nous ramasserions un nouveau caillou, il y aurait une grande probabilité pour qu'il soit formé de quelque substance inconnue ; tout ce que nous saurions des autres cailloux ne vaudrait rien pour lui ; *devant chaque objet nouveau nous serions comme l'enfant qui vient de naître* [souligné par l'auteur] comme lui nous ne pourrions qu'obéir à nos caprices ou à nos besoins ; *dans un pareil monde, il n'y aurait pas de science* [souligné par l'auteur] ; peut-être la pensée et même la vie y seraient-elles impossibles, puisque l'évolution n'aurait pu y développer les instincts conservateurs. Grâce à Dieu, il n'en est pas ainsi ; [...] Le biologiste serait tout aussi embarrassé s'il n'y avait que des individus et pas d'espèce[351] [...]. » C'est cette idée, être « devant chaque objet nouveau [...] comme l'enfant qui vient de naître », qui détermine la pensée et la démarche artistique expérimentale de Duchamp dès 1913 : ne plus considérer l'art sur la base d'une convention sociale qui sait ce qu'il faut entendre par « beau » ou « artistique » mais comme une activité qui permet de faire l'expérience de l'incomparable, du rare, du singulier[352]. Plus de règles esthétiques formelles, plus de styles ni de programmes, rien que des œuvres ; plus de groupes, de courants ni de tendances, rien que des individus[353]. Il va même jusqu'à formuler l'idée que même l'œuvre est superflue et que seule l'expérience compte : « Mode : expériences – le résultat ne devant pas être gardé – ne présentant aucun intérêt[354] », c'est là une idée de l'art qui ne devait être réalisée qu'un demi-siècle plus tard avec le situationnisme et le mouvement Fluxus[355].

C'est l'unique, le non reproductible, ce qui se soustrait à la description scientifique, que Duchamp met au centre de son art à partir de 1913. Le hasard s'inscrit dans cette logique, qui s'élève de plus en plus au rang de catégorie centrale dans sa conception de la vie et de l'art. « In fact the whole world is based on chance, or at least chance is a definition of what happens in the world we live in and know more than any causality », dit-il à la fin de sa vie[356]. Le hasard qui ne connaît que l'exception, que le cas particulier, est la figure centrale de la « pataphysique » tout comme des *3 Stoppages étalon*. Octavio Paz attire déjà l'attention là-dessus : « Si les notions anciennes de la matière solide et de la raison claire et distincte disparaissent au profit de l'indétermination, il en résulte une *désorientation* générale. Duchamp se propose une fois pour toutes de "perdre la possibilité de reconnaître (d'identifier) deux choses semblables" : les seules lois qui l'intéressent sont les lois d'exception, applicables dans un seul cas et à une seule occasion[357]. » C'est sur le hasard que Duchamp fonde le « Régime des coïncidences » qui sous la tutelle du « Ministère de la pesanteur » organise le monde en verre de *La Mariée mise à nu par ses célibataires, même*[358]. Les formes produites sur le tableau de verre par une sorte de hasard « contrôlé » sont finalement complétées par d'autres, issues d'un hasard « imprévu » le jour où les plaques de verre ont été fêlées sur les cahots de la route en 1931 – Duchamp accepte ces altérations de bon cœur comme étant partie intégrante de son tableau. Dans le contexte de *La Mariée mise à nu par ses célibataires, même*, il compose en 1913, inspiré par Raymond Roussel, son « Erratum musical », deux partitions dont l'une est sortie du chapeau du magicien et l'autre issue d'un système aléatoire plus élaboré[359]. Le hasard entre également en jeu dans le choix d'un objet promu au rang de ready-made. C'est à New York vers 1915-1916 que Duchamp consigne l'idée dans une note : « Préciser les "ready-mades". En projetant pour un moment à venir (tel jour, telle date, telle minute) *d'inscrire* un ready-made. L'important alors est donc cet horlogisme, cet instantané, comme un discours prononcé à l'occasion de n'importe quoi mais *à telle heure.* C'est une sorte de rendez-vous[360]. » En 1924 enfin, il édite une obligation prometteuse de dividendes dont l'argent serait utilisé pour exploiter une martingale à la roulette de Monte-Carlo (ill. 34). Selon le calcul mathématique des probabilités, il conçoit un système d'enjeux permettant de calculer le hasard[361]. Aussi, plutôt confiant, écrit-il au collectionneur Jacques Doucet dans une lettre accompagnant l'obligation : « Ne soyez pas trop sceptique car il s'agit dans ce cas d'avoir cru éliminer le mot hasard[362]. » Les bénéfices attendus se font attendre et ce qui reste de la « maîtrise » mathématique du hasard est une œuvre d'art et un bon mot digne de son auteur : « Vous voyez que je n'ai pas cessé d'être peintre », écrit Duchamp à l'époque à son ami Picabia, « je dessine maintenant sur le hasard »[363].

Il faut attendre une quinzaine d'années pour que l'expérience de l'unique, du non reproductible, développée à partir de 1913 par Duchamp sur le mode humoristique dans le domaine de l'art, devienne aussi le centre de gravité de la physique moderne avec la mécanique quantique[364]. « La reproductibilité étant par définition la condition sine qua non des lois de la nature, elle a pour conséquence [...] la perte de l'unique dans la description conceptuelle de la nature en termes scientifiques. Ce que nous a apporté la mécanique quantique est l'émergence de l'essentiellement "unique" à un endroit

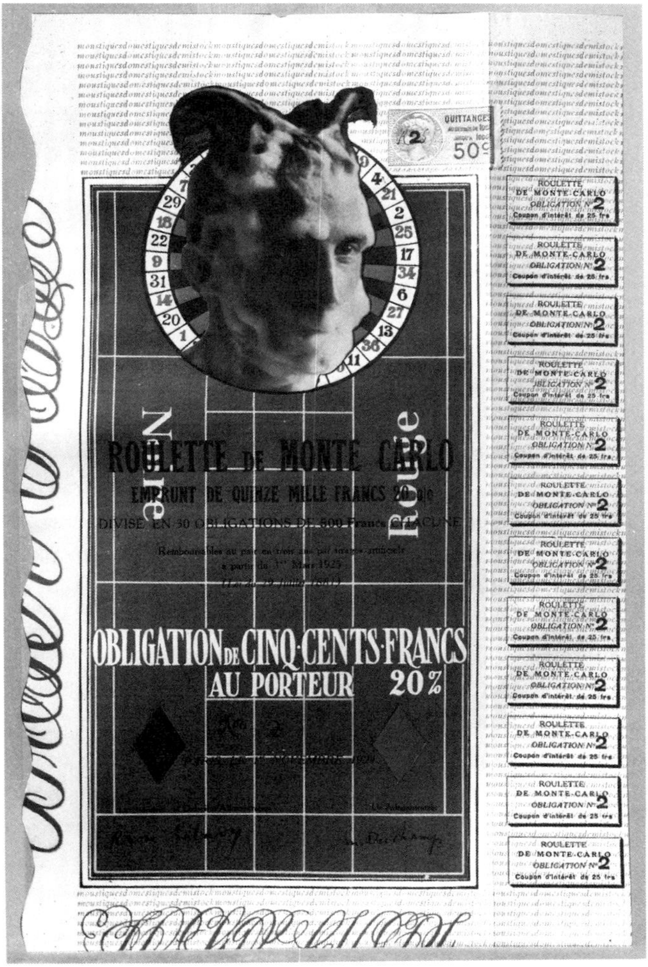

34 *Obligation pour la roulette de Monte-Carlo*, 1924, lithographie en couleur avec photo originale de Marcel Duchamp par Man Ray sur un support de carton plat, 31,5 × 19,5 cm

inattendu, à savoir à travers l'observation du singulier ("non conforme à la loi") », écrit au sujet de la nouvelle pensée scientifique le physicien Wolfgang Pauli, un des plus éminents théoriciens de la mécanique quantique[365]. Ses réflexions inspirent à Ernst Peter Fischer, historien des sciences, le commentaire suivant : « Dès qu'on avait affaire aux sciences, l'unique était fondamentalement exclu, en tout cas pendant très longtemps. Or, comme toute autre détermination, une telle délimitation du champ d'activité ne pouvait pas s'attendre à être instituée en principe immuable, éternellement valable, de sorte que peu à peu l'unique, le non reproductible vint s'imposer au regard des sciences. [...] Ce qu'appréhendent les sciences est habituellement qualifié de "rationnel", et c'est l'aspect rationnel – ou rationnellement saisissable – de la nature que représentent les lois de la nature à caractère universel. L'unique n'en fait pas partie, ce qui, par raisonnement inverse, signifie que l'unique est irrationnel. Cela paraît logique et suffisamment simple mais c'est une sorte de condamnation car personne ne veut se confronter à l'irrationalité – en tout cas pas dans les milieux scientifiques. Qui entend faire du cas unique et non reproductible un objet d'étude doit d'abord apprendre à modifier positivement l'acception de l'irrationnel. "L'irrationnel" ne devrait plus rien avoir à faire avec "l'insensé", le "déraisonnable". On entendrait alors par "irrationnel" tout ce qui ne peut pas être formulé par une loi générale. Les hasards de la vie en font très certainement partie – et par là toute existence individuelle. Le monde est plein d'irrationalités – le destin de tout individu en fait partie – et ce serait un lourd manquement de la part de la science que de s'interdire de s'y intéresser. C'est une fois de plus la mécanique quantique qui, à cet endroit, non seulement exige mais permet une révision de nos conceptions[366]. »

Ce n'est que dans les années 1920 qu'est introduit avec la physique quantique le principe d'indétermination qui permet de réhabiliter le singulier dans la description scientifique de la nature, aussi certains chercheurs ont-ils cru bon de reconnaître à Duchamp des dons de quasi-prophète, or en vérité c'est à travers les écrits de Poincaré qu'il a appris dans les dix premières années du XXe siècle à relativiser l'utilisation des concepts qui depuis Newton sous-tendent la physique classique[367]. C'est en « distendant » avec humour les idées de Poincaré (relativité de l'espace et du temps, caractère approximatif des lois de la nature, relativité du principe d'induction, rapport entre déterminisme et hasard) qu'il accède à de nouveaux horizons de pensée, horizons auxquels accéderont aussi, par leurs propres voies, les sciences physiques, théoriques et expérimentales. Ce faisant, Duchamp a su, chose importante, rompre avec l'attitude ironique d'un Jarry envers la science, une ironie qui cherchait à ridiculiser l'adversaire. A l'adresse des dadaïstes, il a qualifié cette attitude d'« ironisme négateur » dépendant du rire seulement. « Dada était négation et protestation. Ça ne m'intéressait pas spécialement. Dire "non", c'est uniquement se rendre dépendant de ce à quoi on dit "non"[368]. » « [...] I wished to show man the limited space of his reason, but Dada wanted to substitute unreason. The substitution was not a great improvement. By adding "un" they thought they changed a great deal, but they had not[369]. » Duchamp a compris que la seule négation ne permet pas de dépasser l'horizon du fait critiqué car elle se soustrait au primat de la logique scientifique en la remplaçant par une autre instance, la « déraison » ou l'« inconscient ». Il nomme sa propre méthode « l'ironisme d'affirmation[370] ». « L'ironie est un moyen d'accepter quelque chose avec enjouement. La mienne est l'ironie de l'indifférence. C'est une "méta-ironie"[371]. » « Ironisme d'affirmation », « ironie de l'indifférence » et « méta-ironie » sont autant de synonymes pour une attitude qui, à la différence de l'ironie négative du dadaïsme, ne cherche pas à détruire l'état de fait qu'elle vise, mais lui concède sa valeur et lui donne par conséquent droit de cité mais en le présentant sous un autre jour, sous un autre éclairage[372]. L'art de Duchamp est un art qui pose des questions, ce n'est pas un art qui, connaissant déjà les réponses, raille la position adverse. Dans la logique de l'ironie dadaïste, Duchamp aurait dû briser démonstrativement le monument universel qu'est le mètre étalon et présenter un assemblage fortuit de ses fragments sur toile ou dans un écrin[373]. Or les *3 Stoppages étalon* ne nient pas la valeur du mètre étalon mais laissent seulement entrevoir qu'on pourrait aussi bien se l'imaginer autrement.

La logique dont procèdent manifestement les *3 Stoppages étalon* n'est pas une logique scientifique rationnelle mais une logique imaginative dans la tradition de la poésie romantique et post-romantique française à la différence près, et elle est de taille, qu'elle n'explore plus en priorité les drames psychiques de l'être humain mais les concepts fondamentaux du modèle scientifique de l'univers. Nul doute que le poème de Mallarmé *Un coup de dés jamais n'abolira le hasard* s'achevant sur la célèbre phrase : « Toute Pensée émet un Coup de Dés[374] » fait partie du bagage intellectuel de Duchamp, sans qu'il voie pour autant dans le hasard, à l'instar de Mallarmé, un « coup tiré vers l'absolu[375] ». Chez Duchamp, l'intervention du hasard va toujours de pair avec l'humour, et celui-ci exclut en grande partie le sens métaphysique que Mallarmé attribue au hasard. Théoriquement, l'esthétique du hasard chez Duchamp est étroitement liée à la catégorie du possible. Ses nouvelles techniques artistiques de 1913-1914 – des tableaux inclassables que sont les *3 Stoppages étalon* aux « sculptures toute faites », comme le *Porte-bouteilles* ou la *Roue de bicyclette*[376] – découlent d'une esthétique novatrice, dont le caractère principal est le « possibilisme »[377]. Les notions déterminantes de cette esthétique ne sont pas la ressemblance et la vérité comme c'est le cas pour l'esthétique réaliste dans toutes ses nuances, ni les critères du beau, de la mesure ou de l'ordre comme dans les esthétiques formalistes mais « le possible » au sens où toute chose peut être perçue et pensée autrement. « La figuration d'un possible / (pas comme contraire d'impossible / ni comme relatif à probable ni comme subordonné à vraisemblable) / Le *possible* est seulement / un *"mordant" physique* [genre vitriol] / brûlant toute esthétique ou callistique[378] » (ill. 35). Ce qui intéresse Duchamp, c'est « le possible sans le

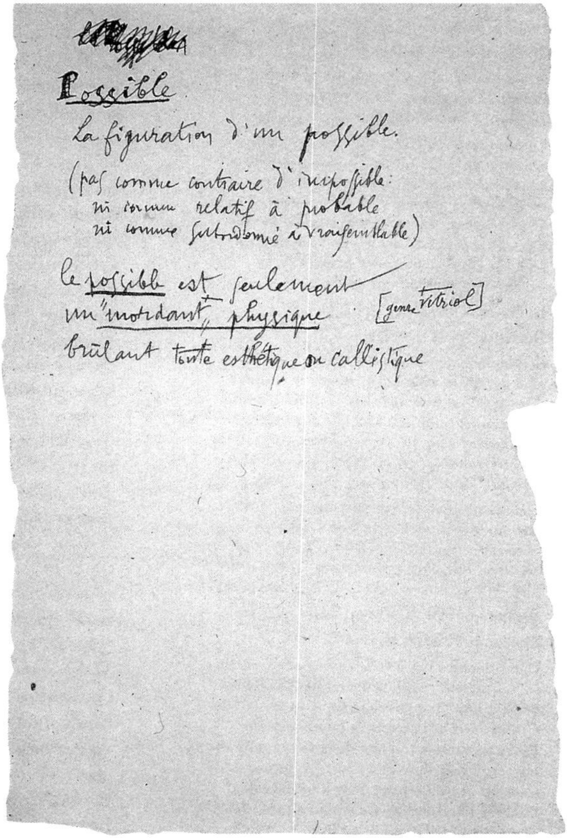
Possible
La figuration d'un possible.
(pas comme contraire d'impossible:
ni comme relatif à probable
ni comme subordonné à vraisemblable)
le possible est seulement
un "mordant" physique [genre vitriol]
brûlant toute esthétique ou callistique

35 Note autographe « Possible », encre noire et bleue sur papier, 15 × 9,6 cm, musée national d'Art moderne, Centre Georges-Pompidou, Paris

moindre grain d'éthique et de métaphysique[379] », « le possible impliquant le devenir – le passage de l'un à l'autre[380] ». A la beauté qui envoûte, se substitue dans l'esthétique duchampienne l'expérience conceptuelle qui, si elle réussit, fait onde de choc et ouvre au regard un horizon neuf : regard sur le non-savoir, sur la fragilité des fondements épistémiques apparemment si solides de la vie moderne répondant aux principes d'organisation scientifique[381]. Duchamp remplace le discours formel des esthétiques modernistes par le primat de l'inventivité intellectuelle, le plaisir de penser ce qui n'a jamais été pensé auparavant. De cette manière il abandonne le traditionnel terrain de la « science du beau » (qu'il nomme la « callistique ») et fonde une esthétique du possible rendant perméables les frontières entre la science et l'art, le tableau et l'expérience, l'art et l'anti-art. Avec les *3 Stoppages étalon* Duchamp s'aventure sur ce sentier entre science et art que personne n'a emprunté avant lui et que personne n'a foulé à ses côtés de son vivant. En y introduisant l'humour, il s'offre la plus grande liberté possible de pensée et d'expérimentation picturale.

Nous rencontrons l'idée du hasard dans la pensée de Duchamp non seulement sur le plan artistique et scientifique, mais également sur le plan éthique. Contrairement aux mathématiques qui fondent leur calcul des probabilités sur une quantité infinie de hasards, Duchamp identifie « les lois du hasard » tant discutées dans les années 1910 aux « lois qui régissent les exceptions » selon la formulation pataphysique d'Alfred Jarry. C'est ce qui l'amène sur le plan éthique à radicaliser l'idée de l'unicité de l'individu. Nous en sommes ici au dernier élément cryptique que nous livre Duchamp dans ses réponses au questionnaire du Museum of Modern Art : « Cf. Max Stirner – le moi et sa propriété[382] ».

VIII. Individualisme radical

Dans un monde où règne la loi de l'exception, l'individu est souverain. Cette conjonction de tychisme et d'éthique nous aide à comprendre pourquoi Duchamp attache une telle importance à l'œuvre du philosophe allemand Max Stirner, *L'Unique et sa propriété*. Duchamp lit Poincaré à un moment où le positivisme en tant que nouvelle religion et ersatz de philosophie est en proie à une crise profonde. Il trouve sans nul doute dans les écrits de Poincaré nombre d'idées qu'il intègre dans sa geste artistique, en particulier le nouveau concept d'espace de la géométrie moderne. Mais en ce qui concerne la prétention philosophique des sciences à expliquer la nature et le destin de l'homme, il se range du côté des philosophes critiquant Poincaré, et notamment d'Édouard Le Roy dont il partage tout à fait la radicalisation scepticiste des thèses de Poincaré tout en rejetant son penchant pour le fidéisme faisant de la foi la seule source de vraie connaissance. D'autres philosophes retiennent l'attention de Duchamp en cette période de crise du rationalisme scientifique, il s'agit en particulier de Max Stirner qui, un demi-siècle avant Le Roy, a poussé le nominalisme à l'extrême[383], ainsi que des sceptiques de l'Antiquité gréco-latine, Pyrrhon en particulier[384].

Les idées de Stirner conquièrent l'avant-garde artistique et littéraire du Paris d'avant 1914. Au tournant du siècle paraissent simultanément deux traductions de l'ouvrage de Stirner sous le titre *L'Unique et sa propriété*, dont une aux éditions de la *Revue Blanche*, périodique qui compte Alfred Jarry parmi ses collaborateurs et qui est l'un des bastions intellectuels de l'anarchisme poétique[385]. Les idées de Stirner paraissent régulièrement dans le magazine politique *L'Anarchie* (1905-1914) et dans la revue artistique et littéraire *L'Action d'art*, bimensuel publié de février à novembre 1913 et dont les collaborateurs sont en relation avec les cubistes de Puteaux[386]. Contrairement à l'anarchisme politique collectiviste d'un Kropotkine et d'un Proudhon, les écrivains André Colomer et Gérard Lacaze-Duthiers, maîtres à penser du groupe créé autour de *L'Action d'art*, prônent un anarchisme intellectuel inspiré de Stirner, Nietzsche et Bergson. Ils attendent que l'impulsion qui donnerait naissance à une société nouvelle et meilleure vienne de la révolte héroïque de l'individu et non pas des actions de masse[387]. A la « médiocratie » sortie des masses, aux tendances au nivellement culturel et à l'uniformisation, ils opposent l'aristocratie de l'esprit et se nomment avec aplomb « aristocrates »[388].

Dans une série d'articles intitulée « De Bergson à Bonnot. Aux sources de l'héroïsme individualiste », Colomer cherche à établir le lien entre la philosophie de l'intuition bergsonienne et les positions individualistes radicales de Stirner et Nietzsche[389]. Ainsi souligne-t-il l'identité psychologique entre l'action intuitive et l'action artistique. Par art, il n'entend ni l'art pour l'art, ni l'art social, mais « l'éclosion d'une individualité avide de se parfaire, la poussée d'une personnalité vers sa réalisation la plus harmonieuse, l'affirmation d'un être, d'une âme qui se veut dans toute sa force personnelle[390] ». Colomer en conclut que l'art doit être avant tout un état d'esprit et non un métier consistant à fabriquer des objets d'art, à exposer et à vendre. Ajoutant que bien que les artistes reconnaissent le monde de l'intuition, « ils le bornent étroitement, ils le confinent à une activité toute théorique, à une activité de luxe pour ainsi dire » si leur activité consiste seulement à créer des objets d'art[391]. En revanche, si un « poète réfractaire » écrit, « s'il chante, s'il peint, s'il sculpte, ce n'est pas pour réaliser des œuvres dont sa patrie ou l'humanité ou la société pourront le récompenser, c'est pour se réaliser lui-même[392]. » Pour « l'aristocrate », l'art est action et non un métier, proclame Lacaze-Duthiers : « sa vie est son œuvre même. [...] L'art est la révolte au sens le plus élevé[393]. » Dès 1913 la création artistique de Duchamp s'éloigne de plus en plus de la confection d'objets d'art pour s'orienter vers une démarche de chercheur, de penseur, pour s'acheminer vers une pensée visuelle expérimentale. « Ce n'était pas seulement faire un tableau, c'était faire un geste dans la vie qui était aussi esthétique que le tableau », dit-il *a posteriori* de sa démarche au tournant décisif des années 1913-1914 – comment ne pas y voir un écho à la programmatique du groupe *Action d'art*[394] tout comme dans la remarque « J'ai voulu [...] me servir de l'art comme pour établir un *modus vivendi*, une sorte de façon de comprendre la vie, c'est-à-dire probablement d'essayer de faire de ma vie elle-même une œuvre d'art, au lieu de passer ma vie à faire des œuvres d'art sous forme de tableaux, sous forme de sculptures[395] ». Face à cette soif de ne pas faire seulement des tableaux mais « un geste dans la vie » s'efface la question de savoir s'il s'agit d'art, de non-art ou d'anti-art, au profit d'une tout autre question, celle de la liberté totale de pensée et d'imagination : « I didn't want to be called an artist, you know », commente Duchamp en 1966 en jetant un coup d'œil rétrospectif sur sa vie, « I wanted to use my possibilty to be an individual, and I suppose I have, no[396] ? »

A l'instar des « aristocrates » de *L'Action d'art*, Duchamp craint et méprise les masses. « Les masses sont inéducables. Elles nous détestent et nous tueraient volontiers », dit-il dans un entretien avec Denis de Rougemont. « Ce sont les imbéciles qui, en se liguant contre les individus libres et inventifs, solidifient ce qu'ils appellent la réalité, le monde "matériel" tel que nous le souffrons. Ça les arrange. C'est ce même monde que la science, ensuite, observe, et dont elle décrète les prétendues lois. Mais tout l'effort de l'avenir sera d'inventer, par réaction à ce qui se passe maintenant, le silence, la lenteur, la solitude. Aujourd'hui on nous traque[397]. » L'art, telle est sa conviction, est une activité radicalement individuelle, ésotérique, alors que le grand public dilue inévitablement la force de tout art : «Je regrette d'être obligé d'être presque antidémocratique dans ce cas-ci[398].» Le programme de la revue *L'Action d'art* présente tant de parallèles avec la *Praxis* et la *Weltanschauung* de Duchamp au tournant décisif de 1913 qu'il nous paraît difficile de croire à un simple hasard. Pourtant nous ne disposons pas jusqu'à ce jour de documents attestant un lien direct entre Duchamp et les auteurs de la revue. Il n'est pas exclu que Francis Picabia qui sympathise ouvertement avec l'anarchisme «aristocratique» ait servi d'intermédiaire ; aucun autre artiste parisien n'est aussi proche de Duchamp entre 1911 et 1914 que Picabia. C'est Picabia qui, d'après les mémoires de Gabrielle Buffet-Picabia, attire son attention sur le livre de Stirner *L'Unique et sa propriété*[399]. Quant à Apollinaire qui entreprend ledit voyage dans le Jura à l'automne 1912 avec Duchamp, Gabrielle Buffet et Francis Picabia, il ne cache pas non plus ses sympathies pour l'anarchisme. Comme Picabia, il fait partie des signataires de la pétition «Pour la liberté de l'art» que la revue *L'Action d'art* lance en avril 1913 pour la défense du mémorial d'Oscar Wilde au cimetière du Père-Lachaise conçu par Jacob Epstein[400]. De toute évidence, les relations entre Duchamp et le groupe *L'Action d'art* constituent encore un terrain de recherches ; nous devons nous contenter pour l'instant du récit de Gabrielle Buffet qui décrit de manière plastique l'état d'esprit qui unit à l'époque les trois artistes dans un même souhait de révolte : Picabia et Duchamp «emulated one another in their extraordinary adherence to paradoxical, destructive principles, in their blasphemies and inhumanities which were directed not only against the old myths of art, but against all the foundations of life in general. Guillaume Apollinaire often took part in these forays of demoralization, which were also forays of witticism and clownerey. Better than by any rational method, they thus pursued the disintegration of the concept of art, substituting a personal dynamism, individual forces of suggestion and projection, for the codified values of formal Beauty[401] ».

Il n'est pas d'autre livre qui ait pareillement mis en émoi, non seulement le monde académique de la philosophie mais aussi les dissidents marxistes parmi les jeunes hégéliens pour sa perspective d'individualisme radical : paru en 1844, *L'Unique et sa propriété* est l'œuvre de Johann Caspar Schmidt, disciple de Hegel, qui publie ses écrits sous le pseudonyme de Max Stirner[402]. Karl Marx se sent invité à réfuter ses thèses dans un volumineux ouvrage sous le titre *L'idéologie allemande*, mais renonce pour finir à sa publication. Rejetées, parce que absurdes, par la philosophie officielle, les thèses de Stirner ne sont reprises au XIXe siècle que par Nietzsche qui les intègre à sa philosophie[403]. Pour Nietzsche, le nominalisme radical de Stirner, comme le souligne Rüdiger Safranski dans sa récente biographie de Nietzsche, est une véritable révélation. « La logique avec laquelle il pratiqua la destruction nominaliste a pu paraître absurde jusqu'à aujourd'hui, particulièrement aux fonctionnaires de la philosophie, mais elle n'était rien moins que géniale. Stirner procédait à l'instar des nominalistes médiévaux, qui désignaient les concepts généraux, en particulier ceux qui se rapportaient à Dieu, comme "un souffle", un nom sans réalité. Au cœur de l'homme, Stirner découvre une force créatrice, qui engendre des fantômes pour ensuite se laisser opprimer par ses propres inventions. Feuerbach avait déjà développé cette idée dans sa critique de la religion[404]. » Stirner va plus loin encore en avançant que les athéistes ont uniquement remplacé « l'au-delà extérieur », Dieu et la morale fondée sur Dieu, par un « au-delà intérieur » qui, non moins que la religion, enchaîne la liberté humaine[405]. « Mais cela désigne aussi », poursuit le biographe de Nietzsche à propos de Stirner, « la souveraineté établie en nous des concepts généraux comme "humanité", "genre humain", "liberté". Le moi, quand il s'éveille à la conscience, se trouve prisonnier de l'entrelacs de ces concepts qui ont force normative et grâce auxquels le moi interprète son existence privée de nom et de concepts[406] ».

C'est à la manière de Stirner que Duchamp, interrogé sur ses convictions philosophiques, répond : « Idealism, and reality behind appearances as concepts are products of the mind. We must realize the way the mind works and beware of abstract words. I don't believe that words such as reality and truth have any meaning[407]. [...] words such as truth, art, veracity, or anything are stupid in themselves[408]. » Pour Stirner déjà, écrit Safranski, « était en vigueur le principe existentialiste : l'existence précède l'essence. Stirner a voulu de toutes ses forces ramener l'individu à son existence sans nom et le libérer des prisons essentialistes[409]. » La théorie du Moi développée par Stirner dans la tradition du monisme subjectiviste de Johann Gottlieb Fichte a pour but de donner à l'individu les moyens de se libérer des concepts généraux et des idéaux issus des conventions philosophiques, et de regagner par là la liberté d'une véritable pensée créatrice. Dès les premières lignes de son introduction sous le titre « Je n'ai basé ma cause sur rien », Stirner expose l'argument central de sa théorie, qu'il différencie aux chapitres suivants selon le point de vue : philosophique, éthique, politique et social. « Quelle cause n'ai-je pas à défendre ? Avant tout, ma cause est la bonne cause, c'est la cause de Dieu, de la Vérité, de la Liberté, de l'Humanité, de la Justice ; puis celle de mon Prince, de mon Peuple, de ma Patrie ; ce sera ensuite celle de l'Esprit, et mille autres encore. Mais que la cause que je défends soit *ma* cause, ma cause à Moi, jamais ! Fi, l'égoïste qui ne pense qu'à lui[410] ! » Au Moi abstrait, incorporel de la philosophie idéaliste, Stirner substitue le Moi concret, corporel, mortel, l'Individu, et place celui-ci au centre de ses réflexions. « Le divin regarde Dieu, l'humain regarde l'Homme. Ma cause n'est ni divine ni humaine, ce n'est ni le vrai, ni le bon, ni le juste, ni le libre, c'est – le *Mien* ; elle n'est pas générale, mais – *unique*, comme je suis unique. Rien n'est pour Moi, au-dessus de Moi[411] ! » Que devient la devise de Stirner traduite dans la langue de Duchamp ? « I want to be free, and I want to be free for myself almost[412]. » L'individualisme radical de Stirner correspond tellement à la conviction qui habite Duchamp durant toute sa vie qu'il achète en 1960 la nouvelle édition de *L'Unique et sa propriété* pour étudier une fois de plus les idées du philosophe allemand[413]. Dans un monde où, d'après Duchamp, « il n'y a pas de solution parce qu'il n'y a pas de problème. Le problème est une invention de l'homme [...] », il n'y a donc rien qui vaille la peine de s'engager[414]. C'est pourquoi Duchamp peut faire pleinement siennes les conclusions que Stirner tire de son plaidoyer : « Pour le chrétien, l'histoire est supérieure, parce qu'elle est l'histoire du Christ ou de "l'Homme" ; pour l'égoïste, seule *son* histoire a une valeur, parce qu'il ne veut développer que *lui* et non le plan de Dieu, les desseins de la providence, la liberté, etc. Il ne se regarde pas comme un instrument de l'Idée ou un vaisseau de Dieu, il ne reconnaît aucune vocation, il ne s'imagine pas n'avoir d'autre raison d'être que de contribuer au développement de l'Humanité et ne croit pas devoir y apporter son obole ; il vit sa vie sans se soucier que l'humanité en tire perte ou profit. [...] Tout Être supérieur à Moi, que ce soit Dieu ou que ce soit l'Homme, faiblit devant le sentiment de mon unicité et pâlit au soleil de cette conscience. Si je base ma cause sur Moi, l'Unique, elle repose sur son créateur éphémère et périssable qui se dévore lui-même, et je puis dire : Je n'ai basé ma cause sur Rien[415]. » A la question d'un interviewer cherchant à savoir s'il n'y a quand même pas quelque chose en quoi il croit, Duchamp répond : « Je crois aux artistes [...] Je crois encore à l'individu, et chacun pour soi, comme dans un naufrage[416]. »

Les *3 Stoppages étalon* sont plus qu'une simple parodie des sciences, ils sont un symbole de l'individualisme radical qui sous-tend sa conception de la vie : pour Duchamp, seul l'individu compte, l'individu et ses passions, ses obsessions, ses œuvres, alors que la société et ses normes sont des grandeurs insignifiantes. C'est en ce sens qu'ont été conçus les *3 Stoppages étalon* : « pour conserver des formes obtenues par le hasard », expliqua-t-il en 1964 dans sa conférence « A Propos of Myself », s'empressant d'ajouter « par *mon* hasard »[417] ». « Your chance is not the same as my chance, just as your throw of the dice will rarely be the same as mine », précise-t-il à l'attention du critique d'art Calvin Tomkins à propos de son œuvre, soulignant par là le lien entre le hasard et l'individualisme radical[418].

Duchamp ne s'est exprimé qu'une seule fois en public au sujet du rôle de l'artiste dans la société moderne, et il le fait en se référant de manière explicite aux théories de Stirner. Dans une brève allocution au cours d'un symposium organisé en mai 1960 par le Hofstra College de Hemstead autour du thème « Should the Artist Go to College ? », il formule comme suit ses convictions solipsistes et sa critique de la science : « Today, the artist is a curious reservoir of para-religious values, absolutely in opposition to the daily functionalism for which science receives the homage of a blind worship. I say blind because I do not believe in the supreme importance of these scientific solutions which do not even touch the personal problems of a human being[419]. » Quel conseil donne-t-il alors à l'artiste ? Il lui conseille d'aller à l'université « to keep informed and be aware of the so-called material daily progress ». Seule une formation scientifique à peu près solide lui permettra de s'engager contre « l'état des choses matérialiste », et, pour reprendre ses propres termes : « he will possess the very tools which permit him to oppose this materialistic state of affairs through a cult of the ego in an aesthetic frame of spiritual values[420] ». C'est l'un des rares instants où Duchamp prône l'engagement contre quelque chose, mais il s'empresse de limiter cet engagement, tout à fait dans l'esprit de Stirner et en se référant explicitement à ses écrits, à une entreprise purement individuelle : « Internal or spiritual values, mentioned above, and of which the artist is so to speak the dispenser, concern only the individual singled out in opposition to the general values which apply to the individual as part of a society. And under the appearance, I am tempered to say, under the disguise of a member of the human race, the individual, in fact, is quite alone and unique.

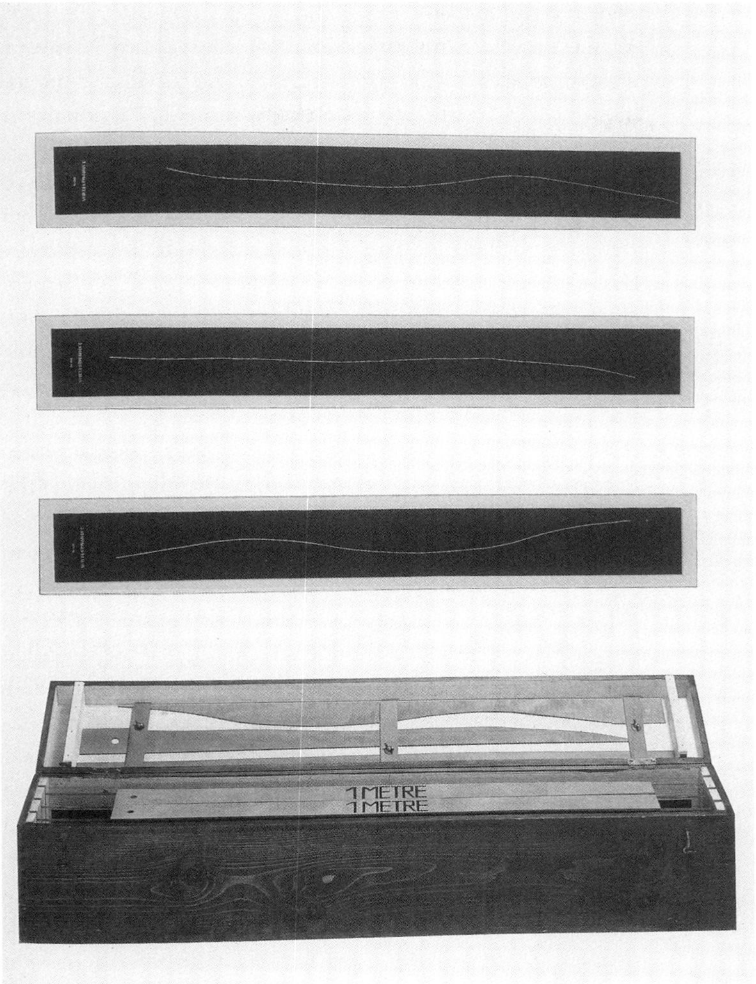

36 *3 Stoppages étalon*, réplique, galerie Schwarz, Milan, 1964, exemplaire « Rrose », Paris, musée national d'Art moderne, Centre Georges-Pompidou

And the characteristics common to all individuals en masse have no relationship whatsoever with the solitary explosion of an individual facing himself alone. Max Stirner, in the last century, very clearly established this distinction in his remarkable book *The Ego and His Own* and if a great part of the education applies to the development of these general characteristics, a part, just as important, of college education, develops the deeper faculties of the individual, the self-analysis and the knowledge of our spiritual heritage. [...] I believe that today, more than ever before, the artist has this para-religious mission, to keep lit the flame of an inner vision of which the work of art seems to be the closest translation for the laymen[421]. »

Avec les œuvres expérimentales dont les *3 Stoppages étalon* donnent le coup d'envoi en 1913-1914, l'individualisme radical de Stirner devient le fil directeur de l'œuvre artistique de Duchamp. Comme il n'y a pas d'objectivité des lois scientifiques pour Duchamp, comme rien n'est pour lui « vérité » en ce monde, une longueur déterminée par le hasard n'est pas plus vraie ou plus fausse qu'une mesure standard scientifique. Cette conviction est radicalement contraire à la conception de Poincaré remontant à Pythagore et Platon, selon laquelle les lois mathématiques expriment « l'harmonie interne du monde » qui est en même temps « la source de toute beauté[422] ». « C'est [...] cette harmonie qui est la seule réalité, la seule vérité que nous puissions atteindre », lance-t-il en réponse à la thèse de Le Roy sur l'incapacité des sciences à atteindre la vérité objective[423]. Par le seul fait que l'analyse mathématique exprime cette harmonie interne du monde, elle n'est pas un « vain jeu de l'esprit »[424]. « S'il [le monde, HM] était régi par le caprice », pure question rhétorique de la part de Poincaré, « qu'est-ce qui nous prouverait qu'il ne l'est pas par le hasard[425] » ? Dans la pensée de Duchamp cependant, c'est précisément le hasard qui régit le monde, c'est pourquoi les idées, telles la loi, l'harmonie ou la beauté sont pour lui obsolètes, s'agissant de la Nature comme s'agissant de l'Art.

L'art devient alors jeu de l'esprit, un jeu qui n'obéit pas aux règles d'une logique rationnelle mais d'une logique imaginative.

Le concept pythagoricien du Beau, fondé sur les mathématiques, que Poincaré avance en 1905 contre les sceptiques de la valeur de la Science est encore pour Werner Heisenberg l'un des grands critères de vérité scientifique[426]. Poincaré va même jusqu'à affirmer que quiconque est dépourvu « du sentiment de la beauté mathématique, de l'harmonie des nombres et des formes, de l'élégance géométrique [...] ne sera jamais un véritable inventeur[427] ». Il découle de ce critère esthétique de vérité que l'on ne peut comprendre la multiplicité infinie de détails juxtaposés dans la nature qu'en les rapportant à des ensembles cohérents et mathématiquement représentables. Ceux-ci paraissent aux yeux des scientifiques d'autant plus convaincants et vrais qu'ils répondent aux critères formels de simplicité, de clarté et de symétrie. « Simplex sigillum veri », tel est le précepte latin sur lequel repose cette thèse[428]. Philosophiquement parlant, le critère esthétique de vérité dans les sciences participe d'une démarche tautologique. Dans un premier temps, les phénomènes de la nature sont mathématisés, dans un deuxième, on reconnaît « la beauté abstraite » des formes mathématiques et dans un troisième on fait comme si elles étaient partie intégrante de ces mêmes phénomènes de la nature. En bannissant de l'esthétique la catégorie du beau, Duchamp sape le critère esthétique de vérité si cher au cœur des scientifiques philosophes. A la place des critères esthétiques formels, telles la simplicité, la clarté, la symétrie, se manifeste dans l'esthétique de Duchamp le penchant pour le singulier, l'incomparable. Les mathématiciens et physiciens contemporains n'ont pas, autant que nous sachions, tiré profit de cette esthétique. Il en va autrement des nouveaux philosophes français. Partant des œuvres et des idées de Duchamp, François Lyotard développe les principes d'une philosophie (et politique) de l'incommensurable[429]. A peu près au même moment, Gilles Deleuze, connaisseur intime de l'univers conceptuel du *Grand Verre*[430], conçoit une philosophie aléatoire qui considère le hasard, non pas comme un élément étranger au sens du monde, mais comme une impulsion inhérente à toute existence dans la nature et dans la culture[431].

La déformation ironique du mètre étalon participe d'un double rejet, celui de l'esthétique classique dont la notion du Beau repose sur le rapport idéal des mesures[432] et celui des conceptions métaphysiques contemporaines d'une « peinture absolue » prétendant avoir accédé aux vérités immuables et éternelles en matière d'art[433]. En radicalisant les thèses de Poincaré, Duchamp s'ouvre à des convictions esthétiques qui marquent le tournant décisif des années 1913-1914. S'éloignant de la notion de peinture pure auto-référentielle, il entend « remettre la peinture au service de l'esprit[434] » en y introduisant, pour reprendre ses propres termes, « le côté exact et précis de la science[435] ». Or c'est précisément en période de crise épistémologique profonde de la philosophie scientifique que Duchamp se tourne vers les sciences : les certitudes considérées comme absolues durant des siècles ont perdu toute valeur et, à en croire Poincaré, ne seront jamais reformulées pour des raisons d'ordre méthodologique. Duchamp en tire la conclusion que si l'on ne peut plus parler de vérité objective dans les disciplines apparemment si exactes, les critères de jugement absolus et immuables sont devenus obsolètes en matière d'art. L'expérience picturale des *3 Stoppages étalon* s'inscrit directement dans cette logique. La démarche expérimentale devient le seul principe de son travail artistique. Il n'est plus question de mettre l'art au service d'une « vérité » religieuse, philosophique, scientifique ou artistique, il faut en faire une expérience ouverte ayant pour but de déplacer les frontières de l'imaginable pour explorer un monde ayant jusqu'alors échappé à la pensée et à la représentation.

A partir des *3 Stoppages étalon*, Duchamp développe une esthétique expérimentale à caractère ludique qui, à une époque où l'art du manifeste et l'utopie artistique aspirent encore à leur apogée, sonne déjà le glas de l'esthétique dogmatique dans l'art du XXe siècle. Depuis que cette forme d'activité artistique a été portée au rang de norme dans les années 1960, ni l'excellence artisanale, ni la maîtrise formelle, pas plus que le matériau de haute valeur ou l'universalité du sujet ne peuvent garantir le caractère artistique d'une action picturale ou la qualité d'une œuvre. On ne peut toutefois assimiler la fin de la conception dogmatique de l'art à la « fin de l'art » que Jean Clair voit venue avec l'œuvre de Duchamp[436]. Dans une société où il n'y a plus de conventions du Beau ni de l'Art en général, où l'infraction permanente à la règle devient la règle, règne le chaos esthétique sous la forme d'une multitude incommensurable de positions artistiques individuelles. C'est la situation dans laquelle nous vivons aujourd'hui. Tout comme la pensée scientifique a développé des théories en vue de comprendre le chaos dans la nature, la pensée esthétique contemporaine est appelée à inventer des points de repère dans le chaos esthétique. C'est aux critiques d'art et aux philosophes spécialistes en esthétique que revient cette mission à laquelle nous ne pouvons nous consacrer dans ce propos.

« La peinture est une science, et elle devrait être une constante recherche des lois de la nature », constate le peintre anglais John Constable vers 1835 dans une conférence à la Royal institution. « Et pourquoi ne pas considérer la peinture de paysages comme une des branches de la philosophie de la nature, dont les expériences ne seraient autres que les tableaux[437] ? » La pensée empreinte de rationalisme des Lumières, visant à soumettre l'art pictural aux règles du discours scientifique, doit quelque trois générations plus tard, trouver en Duchamp un esprit critique maniant l'ironie. Aussi peut-on placer sa création artistique depuis 1913 sous la question : « Pourquoi ne pas considérer l'art comme une des branches de la philosophie de la science, dont les expériences ne seraient autres que les œuvres ? » Mais à la différence de Constable, Duchamp ne donne pas à la science le primat sur les multiples facultés de l'homme à atteindre la connaissance, il crée au contraire un art qui ébranle la prétention de la science à révéler les « lois » de la nature et de la vie et lui oppose les procédures imaginatives de la pensée poétique et picturale. « Art is the only thing left for people who don't give science the last word[438] », conclut Duchamp à la fin de sa vie. Son nouvel art « philosophique » concrétisé en 1913 par les *3 Stoppages étalon* revêt la triple forme de l'humour, de l'ironie et du jeu : jeu avec le hasard et les dimensions, avec le visible et l'invisible, avec les mots et les images, *high and low*, art et non-art. Ce jeu est-il vanité, seul l'individu en décide pour finir car l'art est une forme de manifestation de l'esprit par laquelle l'individu parle à l'individu.

Notes

[1] Voir Christian Janecke, *Kunst und Zufall. Analyse und Bedeutung*, Nuremberg, 1995, p. 110-14 ; *Die Künste des Zufalls*, éd. par Peter Gendolla et Thomas Kamphusmann, Francfort-sur-le-Main, 1999, p. 8.

[2] Bernhard Holeczek et Linda von Mengden, *Zufall als Prinzip. Spielwelt, Methode und System in der Kunst des 20. Jahrhunderts*, cat. exp., Ludwigshafen, Wilhelm-Hack-Museum, Heidelberg, 1992.

[3] Janecke, 1995 (note 1), p. 112-13 ; Rhonda Roland Shearer et Stephen J. Gould, « Hidden in Plain Sight : Duchamp's 3 Standard Stoppages. More Truly a "Stoppage" Than We Ever Realized », dans *Tout-fait. The Marcel Duchamp Studies Online Journal* 1, 1999, n° 1, n. p. ; Joël Gilles : « Duchamp au bouchon », dans *Étant donné Marcel Duchamp*, n° 5, 2003, p. 128.

[4] Katharine Kuh, *Entretiens avec Marcel Duchamp*, « Monitor », BBC, 29 mars 1961. Cit. d'après Katharine Kuh, *The Artist's Voice. Talks with Seventeen Artists*, New York, Evanston, 1962, p. 81. A Walter Hopps, commissaire de sa première rétrospective au Pasadena Art Museum, il dit en 1963 de ses *3 Stoppages étalon* qu'ils sont son « favorite work ». Voir « Chronology : Certain Facts of and about Marcel Duchamp », dans *By or of Marcel Duchamp or Rrose Sélavy. A Retrospective Exhibition*, cat. exp., Pasadena, Pasadena Art Museum, 1963, n. p.

[5] *Artist's Files*, Department of Painting and Sculpture, The Museum of Modern Art, New York ; publiées pour la première fois par Francis M. Naumann, « The Mary and William Sisler Collection », cat. exp., New York, The Museum of Modern Art, 1984, p. 170-171.

[6] Dieter Daniels, *Duchamp und die anderen. Der Modellfall einer künstlerischen Wirkungsgeschichte in der Moderne*, Cologne, 1992, p. 236 et 265.

[7] *Ibid.*, p. 236.

[8] Arturo Schwarz, *The Complete Works of Marcel Duchamp*. Vol. II, Catalogue raisonné. Revised and Expanded, New York[3], 2000, cat. 285, p. 598. Outre l'exemplaire contenant les manuscrits originaux que Duchamp a vendus ou dont il a fait don au collectionneur Walter Arensberg, il existe quatre autres boîtes dont trois seulement sont localisées aujourd'hui. L'une d'elles demeurée en la possession de l'artiste fut achetée en 2000 par le musée national d'Art moderne, Centre Georges-Pompidou (*Marcel Duchamp dans les collections du Centre Georges-Pompidou, Musée national d'Art moderne*, Paris, 2001, n° 9a, p. 40). Duchamp offrit les autres exemplaires à son frère Jacques Villon (*ibid.*, cat. 285, n° 4, on ignore la localisation aujourd'hui de cet exemplaire), et à ses deux amis Raymond Dumouchel (*ibid.*, cat. 285, n° 3, coll. Dina Vierny, Fondation Maillol, Paris) et Walter Pach (*ibid.*, cat. 285, n° 2, The Art Institute of Chicago).

[9] Marcel Duchamp, *Duchamp du Signe. Écrits*, réunis et présentés par Michel Sanouillet, Paris, 1975, p. 36.

[10] *Ibid.*

[11] *La Mariée mise à nu par ses célibataires, même*. 320 ex., Paris, 1934, éd. Rrose Sélavy, sa propre maison d'édition, éd. par M. Duchamp. Voir Schwarz, 2000 (note 8), cat. 435, p. 723-724 et Duchamp, 1975 (note 9), p. 39-102.

[12] Pierre Cabanne, *Entretiens avec Marcel Duchamp*, Paris, Éd. Pierre Belfond, 1967, p. 81-82.

[13] Ayant attiré l'attention sur le fait que les fils ont une longueur supérieure à un mètre, Rhonda R. Shearer et Stephen J. Gould ont donné une nouvelle impulsion à l'analyse scientifique de cette œuvre. Shearer/Gould, 1999 (note 3), n.p.

[14] Propos en anglais recueillis par James Johnson Sweeney, « Eleven Europeans in America », dans *The Museum of Modern Art Bulletin*, vol. XIII, n° 13, 4-5, 1946, cit. d'après Duchamp, 1975 (note 9), p. 172.

[15] Au sujet de la théorie de la « peinture pure », voir Guillaume Apollinaire, *Méditations esthétiques. Les peintres cubistes*. Texte présenté et annoté par L.-C. Breunig et J.-Cl. Chevalier, Paris, 1980, p. 69 et *id.*, *Chroniques d'art* 1902-1918, textes réunis et annotés par L.-C. Breunig, Paris, 1960, p. 344 et suiv.

[16] Jean-Marie Drot, *Jeu d'échecs avec Marcel Duchamp*, film tourné fin

1963 à Pasadena et à New York. Première diffusion sur l'ORTF, le 8 juin 1964. Version VHS sous-titrée en anglais : *Marcel Duchamp. A Game of Chess*, Phaidon Video, Londres, 29 août 1995.

[17] Sweeney, 1946 (note 14), cit. d'après Duchamp, 1975 (note 9), p. 172.

[18] Duchamp, 1975 (note 9), p. 172-173.

[19] Alain Jouffroy, « Conversation avec Marcel Duchamp (New York 1961) », dans *id.*, *Marcel Duchamp*, Paris, 1997, p. 31. Au sujet du séjour de Duchamp à Munich, voir Herbert Molderings, « Relativisme et sens historique. Duchamp à Munich (et Bâle)... », dans *Marcel Duchamp*, cat. exp., Bâle, musée Jean Tinguely, 2002, p. 15-23.

[20] Au sujet de Böcklin, voir *Ephemerides*, 19 juin 1912. Au sujet de Redon, voir Duchamp dans Walter Pach, *Queer Thing – Fourty Years in the World of Art*, New York, Londres, 1938.

[21] D'après un communiqué du ministère de l'Instruction publique et des Beaux-Arts du 18 novembre 1913 au directeur administratif de la bibliothèque Sainte-Geneviève, Duchamp assura à partir du 1er novembre 1913 l'intérim du conservateur Ch. Mortet en congé de maladie. Archives de la bibliothèque Sainte-Geneviève.

[22] Duchamp qualifie son projet de tableau d'« apparence allégorique », Duchamp, 1975 (note 9), p. 43.

[23] Voir Jean Suquet, *In vivo, in vitro. Le Grand Verre à Venise*, Paris, 1994 ; *id.* : *Marcel Duchamp ou l'éblouissement de l'éclaboussure*, Paris, 1998.

[24] Marcel Duchamp, *Duchamp Notes*, éd. Paul Matisse, Paris, 1980, cit. d'après l'édition Flammarion, Paris, 1999, n° 68r, p. 41.

[25] Duchamp, 1975 (note 9), p. 101.

[26] Voir Cabanne, 1967 (note 12), p. 35 et l'étude fondamentale de Linda D. Henderson, *The Fourth Dimension and Non-Euclidean Geometry in Modern Art*, Princeton, 1983, p. 122-130.

[27] Cabanne, 1967 (note 12), p. 34.

[28] Linda D. Henderson, « A New Facet of Cubism : "The Fourth Dimension" and "Non-Euclidean Geometry" Re-Interpreted », dans *The Art Quartely*, XXXIV, 4, 1971, p. 411-433 ; Henderson, 1983 (note 26), p. 44-103 ; Mark Antliff et Patricia Leighten, *Cubism and Culture*, Londres, 2001, p. 64-79.

[29] Voir Herbert Molderings, « Ästhetik des Möglichen. Zur Erfindungsgeschichte der Ready-mades », dans *Ästhetische Erfahrung im*

Zeichen der Entgrenzung der Künste, numéro spécial, 2004 de *Zeitschrift für Ästhetik und Allgemeine Kunstwissenschaft*, éd. par Gert Mattenklott, Hambourg, 2004, p. 103-135, ici p. 111-119.

30 Cit. d'après Henderson, 1983 (note 26), p. 130.

31 Jacques Nayral, Cubistas [1912], cit. d'après Apollinaire (note 15), p. 223.

32 Nikolai Lobatchevski (1792-1856). Son exposé de 1826 sur les fondements de la géométrie et la preuve du théorème des parallèles est considéré comme la date fondatrice de la géométrie non euclidienne. La confusion entre la géométrie non euclidienne et la géométrie à quatre dimensions en relation avec l'apport de Lobatchesvki montre que même Ribemont-Dessaignes ne connaissait pas les géométries évoquées. Au sujet de la géométrie de Lobatchevski voir Henri Poincaré, *La Science et l'Hypothèse*, Paris, Flammarion, 1902, p. 51-52.

33 Georges Ribemont-Dessaignes, *Déjà jadis ou du mouvement Dada à l'espace abstrait*, Paris, 1958, p. 38.

34 *Ibid.*, p. 37-38. Les souvenirs de Ribemont-Dessaignes contredisent l'affirmation du biographe de Duchamp, Calvin Tomkins, selon lequel Duchamp n'aurait « joué qu'un rôle très insignifiant dans les discussions et débats ». Voir Calvin Tomkins, *Duchamp. A Biography*, New York, 1996, p. 57.

35 Cabanne, 1967 (note 12), p. 67.

36 Esprit-Pascal Jouffret, *Traité élémentaire de la Géométrie à quatre dimensions et introduction à la Géométrie à n dimensions*, Paris, 1903. Duchamp, 1975 (note 9), p. 127. Concernant l'importance pour Duchamp du traité de Jouffret, voir l'étude fondamentale de Craig E. Adcock, *Marcel Duchamp's Notes From the ›Large Glass‹ – An N-Dimensional Analysis*, Ann Arbor, 1983, p. 91-112 et suiv.

37 Voir *Henri Poincaré : Science et philosophie*, éd. par Jean-Louis Greffe, Gerhard Heinzmann, Kuno Lorenz, Berlin, Paris, 1996 ; Renate Huber, *Einstein und Poincaré – Die philosophische Beurteilung physikalischer Theorien*, Paderborn, 2000. Concernant la signification pour Duchamp des écrits de Poincaré, voir Henderson 1983 (note 26), p. 77 et suiv. ; Herbert Molderings, *Marcel Duchamp. Parawissenschaft, das Ephemere und der Skeptizismus*, Francfort-sur-le-Main, 1983 (Düsseldorf[3] 1997), p. 37 et suiv. ; *id.*, « Vom Tafelbild zur Objektkunst : Kritik der "reinen Malerei" », dans *Kunst. Die Geschichte ihrer Funktionen*, éd. par Werner Busch et

Peter Schmoock, Weinheim, Berlin 1987, p. 204-232, ici p. 211-219 ; *id.*, « Objects of Modern Skepticism », dans *The Definitively Unfinished Marcel Duchamp*, éd. par Thierry de Duve, Cambridge, Mass. 1991, p. 243-265 ; *id.*, « Henri Poincaré/Mathematiker – Marcel Duchamp/ Künstler », dans *Übergangsbogen und Überhöhungsrampe. Naturwissenschaftliche und künstlerische Verfahren*, éd. par Bogomir Ecker et Bettina Sefkow, Hambourg, 1996, p. 14-17 ; Molderings, 2004 (note 29), p. 103-135 ; Adcock, 1983 (note 36), p. 34-39 et suiv. ; *id.*, « Conventionalism in Henri Poincaré and Marcel Duchamp », dans *Art Journal* 44, 1984, n° 3, p. 249-258 ; Rhonda Roland Shearer, « Marcel Duchamp's Impossible Bed and Other "Not" Readymade Objects : A Possible Route of Influence from Art to Science », dans *Art & Academe*, vol. 10, n° 1, 1997, p. 26-62 et n° 2, 1998, p. 76-95.

38 Voir Henderson, 1983 (note 26), chap. 3, « Marcel Duchamp and the New Geometries », p. 117-157. Voir aussi John Dee, « Ce façonnement symétrique », dans *Marcel Duchamp : tradition de la rupture ou rupture de la tradition ?*, éd. par Jean Clair, Colloque de Cerisy-la-Salle, Paris, 1979, p. 351-397.

39 Le résultat des études de Duchamp sur l'espace à quatre dimensions figure dans une collection de 79 notes que l'artiste ne jugea publiable qu'en 1966, à savoir deux ans avant sa mort. Elles furent éditées à 150 exemplaires par Cordier & Ekstrom à New York en fac-similé sous le titre *A l'infinitif* dans un écrin de Plexiglas blanc (la dite *Boîte blanche*). Duchamp, 1975 (note 9), p. 105-141.

40 Henri Poincaré, *La Valeur de la science*, Paris, Flammarion, 1905, cit. d'après éd. Flammarion, Paris, 1912, p. 74. Concernant la définition de la dimension, voir aussi Henri Poincaré, *Dernières pensées*, Paris, Flammarion, 1913, p. 65 et suiv.

41 Voir Duchamp, 1975 (note 9), p. 133 et 138.

42 Henri Poincaré, *Science et Méthode*, Paris, Flammarion, 1908, cit. d'après éd. Flammarion, Paris, 1940, p. 38.

43 *Ibid.*, p. 40.

44 *Duchamp, 1975* (note 9), p. 128.

45 Edwin A. Abbott, *Flatland – A Romance of Many Dimensions*, Londres, 1884. Parmi les sources d'inspiration de Duchamp, citons aussi le roman de science-fiction de Gaston de Pawlowski, *Voyage au pays de la quatrième dimension*, Paris, 1912. Voir Cabanne, 1967 (note 12), p. 67 ; Henderson, 1983 (note 26), p. 118-120 ; Adcock,

1983 (note 36), p. 29-35, et Herbert Molderings, « Fahrrad-Rad und Flaschentrockner », dans *Marcel Duchamp Respirateur*, cat. d'exp., Schwerin, Staatliches Museum, Ostfildern, 1995, p. 119-145, ici p. 133-134.

[46] Poincaré, 1902 (note 32), p. 52-53. Duchamp mentionne ces « êtres plats » dans les entretiens avec Cabanne, 1967 (note 12), p. 67, où il fait allusion au *Voyage au pays de la quatrième dimension* de Gaston de Pawlowski. Pourtant ceux-ci ne jouent qu'un rôle minime dans le récit de Pawlowski. Voir Henderson, 1983 (note 26), p. 119-120. Il en avait très probablement eu connaissance en lisant Poincaré et Jouffret. Jouffret avait recouru à l'analogie aux « êtres plats » dans son *Traité élémentaire*; voir Jouffret, 1903 (note 36), p. 186-188. Voir Adcock, 1983 (note 36), p. 66-67. Les sources n'indiquent cependant pas si la toute première rencontre de Duchamp avec l'analogie des « êtres plats » remonte « almost certainly » à sa lecture de Jouffret, 1903 (note 36), p. 67 et non à celle de Poincaré, ou si elle remonte à l'un et à l'autre. Quant à l'influence sur Duchamp du roman de Pawlowski, voir Molderings, 1995 (note 46), p. 133-134.

[47] Duchamp, 1975 (note 9), p. 133-134.

[48] *Ibid.*, p. 58 et 113-114.

[49] *Ibid.*, p. 140.

[50] *Ibid.*, p. 125.

[51] Voir Jean Clair, « Thaumaturgus opticus », dans *id.*, *Sur Marcel Duchamp et la fin de l'art*, Paris, 2000, p. 63-133, en particulier le chapitre : « Le tableau comme parete di vetro », p. 66-70.

[52] Duchamp, 1975 (note 9), p. 122. A la rubrique « Perspective » du catalogue de la bibliothèque Sainte-Geneviève sont répertoriés vingt-quatre traités dont les écrits nord-alpins sont les plus importants : de Jean Pélerin (dit Viator) à Eugène Chevreul, en passant par Johann Faulhaber, Salomon de Caus, Jean du Breuil, Abraham Bosse, Sébastien Le Clerc, Nicéron, John Peckham et Jean Cousin pour ne citer que les principaux.

[53] Il a probablement consulté le traité en trois volumes dont le deuxième tirage de 1663 figure dans son intégralité à la bibliothèque Sainte-Geneviève. Concernant l'influence du traité de Du Breuil sur la dernière grande œuvre de Duchamp, son installation *Étant donnés : 1° la chute d'eau 2° le gaz d'éclairage* (1946-1966), voir Herbert Molderings, *Un cul-de-lampe : Réflexions sur la structure et*

l'iconographie d'« Étant donnés », dans *Étant donné Marcel Duchamp*, n° 3, 2001, p. 92-111.

[54] Erwin Panofsky, *La perspective comme « forme symbolique » et autres essais*, traduit sous la dir. de Guy Ballangé, Paris, 1975, p. 38.

[55] Voir *Léonard de Vinci. La peinture*, présentation par André Chastel, Paris, 2004, p. 86.

[56] Voir Cabanne, 1967 (note 12), p. 68 : « En tout cas, j'avais, à ce moment-là, essayé de lire les choses de ce Povolowski qui expliquait les mesures, les lignes droites, les courbes, etc. Cela travaillait dans ma tête quand je travaillais, bien que je n'aie presque pas mis de calculs dans le *Grand Verre*. » A cet endroit apparaissent plusieurs erreurs dans la mémoire de Duchamp. Par Povolowski, il entend Gaston de Pawlowski et sa publication en 1912 d'un roman de science-fiction. L'éditeur Jacques Povolozky avait par ailleurs publié en 1924 un album avec 26 reproductions de sculptures de Raymond Duchamp-Villon, frère de Marcel Duchamp, décédé en 1918. Le roman *Voyage au pays de la quatrième dimension* n'aborde cependant pas les sujets concernant notre propos. Dans la mémoire de Duchamp se confondent sans doute la lecture de ce roman et celle de l'ouvrage de Poincaré, *La Science et l'Hypothèse*, 1902 (note 32). La seconde partie de cet ouvrage traite sous le titre « L'espace » non seulement de la géométrie à quatre dimensions et de la géométrie non euclidienne, mais également des problèmes soulevés par ces nouvelles géométries, telles la nature des axiomes et des mesures standard, la définition des droites, la substitution des lignes droites par des lignes courbes, etc. Voir Poincaré, 1902 (note 32), p. 49-109.

[57] Voir les esquisses dans Schwarz, 2000 (note 8), cat. 257-261, les études à l'huile datées de 1914, *ibid.*, cat. 289 et 290 ainsi que les tableaux, *ibid.*, cat. 264 et 291.

[58] Pour la date du tableau, voir Ecke Bonk, *Marcel Duchamp. Die große Schachtel*, Munich, 1989, p. 81. Arturo Schwarz date le tableau de février-mars 1913, voir Schwarz, 2000 (note 8), cat. 264.

[59] Duchamp, 1975 (note 9), p. 46.

[60] Artist's files (note 5), feuillet 2.

[61] Duchamp, 1975 (note 9), p. 46.

[62] Calvin Tomkins, *Ahead of the Game. Four Versions of Avant-garde*, Londres, 1968, p. 32.

[63] Concernant la préférence donnée à la ligne géométrique comme

composante du langage technico-fonctionnel pratiqué à l'ère de la mécanisation, voir l'essai instructif de Molly Nesbit, « The Language of Industry », dans de Duve, 1991 (note 37), p. 351 et suiv.

64 Duchamp, 1999 (note 24), n° 80, p. 49.

65 La même remarque figure au recto de la *Glissière contenant un moulin à eau en métaux voisins* et des *9 moules mâlic* de 1913-14-15, les premiers éléments de la « machine-célibataire » représentés sur verre. Schwarz, 2000 (note 8), cat. 327 et 328.

66 Duchamp, 1975 (note 9), p. 50.

67 Duchamp, 1999 (note 24), n° 1183, p. 74. Voir aussi Schwarz, 2000 (note 8), cat. 264-269, 271, 277.

68 A la bibliothèque Sainte-Geneviève figurent tant la version latine « Institutionum Geometricorum » comme partie intégrante du livre *Albertus Durerus Nurembergensis Pictor...*, trad. par Joachim Camerarius, Ex officina Christiani Wedeli, Bâle, Paris, 1535, que la deuxième édition posthume allemande : Albrecht Dürer, *Unterweisung der Messung mit dem Zirkel und Richtscheyt...*, Nuremberg, 1538.

69 *Albrecht Dürer. Géométrie*, présentation, traduction de l'allemand et notes par Jeanne Peiffer, Paris, 1995, p. 351-352. Au sujet du « portillon » de Dürer dans l'histoire de la perspective, voir Martin Kemp, *The Science of Art. Optical Themes in Western Art From Brunelleschi to Seurat*, New Haven/Londres, 1990, p. 172.

70 Selon Filippo Camerota, cette idée remonterait à un traité de géométrie de Francesco di Giorgio Martini. Voir F. Camerota, « Renaissance Descriptive Geometry : The Codification of Drawing Methods », dans *Picturing Machines 1400-1700*, éd. par Wolfgang Lefèvre, Cambridge/Mass., Londres, 2004, p. 181.

71 Pour son concept des « fils tangents » à l'aide desquels se détermine le point de gravité dans une étendue à n dimensions, Duchamp pourrait s'être inspiré des instructions de Dürer quant à la mesure perspective du luth. La note de cette expérience conceptuelle commence en ces termes : « ABCDEF. Points de l'espace auxquels s'attachent (d'un côté, d'un bout) les fils tangents au corps nouveau. » Duchamp, 1975 (note 9), p. 140.

72 Voir Ludovico Cardi da Cigoli : *Prospettiva pratica*, éd. par R. Profumo, Rome, 1992 et Kemp, 1990 (note 69), ill. 347, p. 178.

73 Duchamp, 1975 (note 9), p. 122. Les versions françaises de ce traité

sont parues en 1638 et 1652 sous le titre *La perspective curieuse ou magie artificielle des effets merveilleux*. Dans l'édition de 1652, le dispositif de Cigoli figure sur les planches 36-38. Concernant Nicéron, « the most scientifically advanced author after Desargues », voir Kemp, 1990 (note 69), p. 131.

74 Duchamp, 1999 (note 24), n° 127v, p. 82.

75 Jean du Breuil, *La perspective nécessaire à tous les peintres, graveurs, sculpteurs, architectes, orfèvres, brodeurs, tapissiers, et autres qui se meslent à dessiner par un religieux de la Compagnie de Jésus*, Paris, 1632.

76 Voir Kemp, 1990 (note 69), p. 169 et suiv.

77 Du Breuil, 1663 (note 75), t. II, pratique XCIV.

78 Clair, 2000 (note 51), p. 107 ; Marcel Duchamp, *Marcel Duchamp. Die Schriften*, éd. par Serge Stauffer, Zurich, 1981, p. 31 ; Molderings, 2001 (note 53), p. 96.

79 Voir Jean Pélerin Viator, *De artificiali perspectiva*, Toul, 1509. Ce livre également, le premier traité de perspective nord-alpin et le tout premier traité à avoir été imprimé, se trouve à la bibliothèque Sainte-Geneviève. Au sujet de Viator, voir Kemp, 1990 (note 69), p. 64-66 et Clair, 2000 (note 51), p. 75.

80 Concernant la crise du « Cartesian perspectivalism » autour de 1900, voir Martin Jay, *Downcast Eyes. The Denigration of Vision in Twentieth-Century French Thought*, Berkeley, Los Angeles, Londres, 1993, chap. 3 : « The Crisis of the Ancien Scopic Regime : From the Impressionists to Bergson ». Concernant les conditions techniques de perception de cette crise, voir Jonathan Crary, *Techniques of the Observer : On Vision and Modernity in the 19th Century*, Cambridge, Mass., 1992.

81 Cette méthode analytique critique contredit l'appréciation de Jean Clair sur la réhabilitation de la perspective par Duchamp dans les années 1913-1914 : un « mouvement de retour, volonté de réaction » (Clair, 2000 (note 51), p. 108). Au sens d'une interprétation postmoderne et non « restauratrice » de la perspective linéaire dans l'œuvre de Duchamp, voir Jean-François Lyotard, *Les TRANSformateurs DUchamp*, Paris 1977, p. 75 et suiv. et Thierry Lenain, « Le dernier tableau de Marcel Duchamp. Du trompe-l'œil au regard désabusé », dans *Annales d'histoire de l'art et d'archéologie*, Bruxelles, 6, 1984, p. 97, note 14.

82 Voir Schwarz, 2000 (note 8), cat. 376 et 397 et Clair, 2000 (note 51), p. 66-70.

83 Cabanne, 1967 (note 12), p. 65.

84 Duchamp, 1975 (note 9), p. 37. Cette réflexion complexe est un écho aux idées semblables formulées par Poincaré dans Poincaré, 1902 (note 32), p. 68-91 (voir. chap. « L'espace et la géométrie »).

85 Duchamp, 1975 (note 9), p. 55.

86 Voir Jeanne Peiffer, « Projections Embodied in Technical Drawings : Dürer and His Followers », dans *Picturing Machines*, 2004 (note 70), p. 275.

87 Kuh, 1962 (note 4), p. 92.

88 Shearer, Gould, 1999 (note 3). Christian Janecke avait avancé un argument semblable. D'après ses expériences, les fils devraient épouser des « courbes plus nettes et irrégulières ». D'où il conclut que « le "résultat" obtenu par Duchamp avait été hautement manipulé. Duchamp a "rectifié" le cheminement des fils » (Janecke, 1995 (note 1), p. 112). Telle est aussi l'argumentation de Gilles, 2003 (note 3), p. 128.

89 Shearer, Gould, 1999 (note 3), n.p.

90 Par des expériences à l'aide d'un fil de relieur de 50 grammes, nous avons obtenu des lignes incurvées similaires à celles des *3 Stoppages étalon*. James McManus pour sa part a procédé à des expériences semblables en durcissant le fil à la cire. Nous remercions James McManus de nous avoir fait part de ses résultats.

91 Duchamp, 1975 (note 9), p. 55.

92 La méthode fait l'objet d'une esquisse et d'une description détaillée dans la *Boîte verte*. Duchamp, 1975 (note 9), p. 54. Concernant l'arrière-plan théorique sous la forme du principe de l'incertitude élaboré dans le contexte de la théorie cinétique des gaz, voir Linda D. Henderson, *Duchamp in Context. Science and Technology in the Large Glass and Related Works*, Princeton, 1998, p. 133 et « Désordre dans les beaux-arts : Kandinsky et Duchamp », dans *L'homme devant l'incertain*, éd. Ilya Prigogine, Paris, 2001, p. 307-308.

93 Duchamp, 1975 (note 9), p. 54.

94 La note intégrale est la suivante : « Le jeu de tonneau est une très belle *"sculpture" d'adresse* : il faut enregistrer (photographiquement) 3 performances successives ; et ne pas préférer "toutes les pièces dans la grenouille" à "toutes les pièces dehors" ou (ni) surtout à une bonne moyenne. » Duchamp, 1975 (note 9), p. 37. Sortait gagnant celui dont le disque atteignait la bouche ouverte

d'une grenouille en métal trônant au milieu des cibles. C'est pourquoi le jeu se nommait aussi «jeu de la grenouille».

[95] Duchamp, 1975 (note 9), p. 55-56.

[96] Duchamp au sujet d'Arturo Schwarz, in Schwarz, 2000 (note 8), t. I, p. 125. Dans sa note intitulée «Inscription du haut», Duchamp parle de «3 filets à travers lesquels passent les commandements du pendu femelle [...] (une sorte de triple "grille")». Duchamp, 1975 (note 9), p. 55. Ces concepts renvoient nettement au dispositif de dessin perspectif de la «grille» en tant que point de départ de cette expérience.

[97] Deux de ces agrandissements existent toujours. Voir Schwarz, 2000 (note 8), cat. 307.

[98] Duchamp, 1999 (note 24), n° 180, p. 108. Concernant le rapport entre perspective et pesanteur voir *ibid.*, n° 251, p. 45 et Duchamp, 1975 (note 9), p. 123, 140, 141.

[99] Duchamp, 1999 (note 24), n° 149-152, p. 88-91. Ce croquis n'a jamais été publié de son vivant. Dans la *Boîte verte* figurait un «manieur de gravité», une variante présentant en suspension sur une petite table à trois pieds un ressort métallique en forme de spirale dont la partie supérieure se termine par une boule. Pour situer le *Soigneur de gravité* et éclairer sa fonction dans la mécanique du *Grand Verre* voir Jean Suquet, *Le guéridon et la virgule*, Paris 1976; *id.*, *Le Grand Verre rêvé*, Paris, 1991, p. 149.

[100] Poincaré, 1912 (note 40), p. 197.

[101] *Le Surréalisme en 1947. Exposition internationale du Surréalisme* présentée par André Breton et Marcel Duchamp, Paris, 1947, p. 136.

[102] A partir des photographies, il n'est pas possible de déterminer de manière exacte la longueur des fils. L'installation a été détruite à la fin de l'exposition.

[103] Dans la liste des œuvres (une double feuille écrite des deux côtés, à ne pas confondre avec le catalogue), on peut lire sous le titre «Alvéoles» au n° 7 : «Le Soigneur de Gravité, d'après Duchamp, exécuté par Delanglade et les Mattas». Sur une illustration dans Marcel Jean, *Histoire de la peinture surréaliste*, Paris, 1959, p. 342, on reconnaît Matta et l'architecte de l'exposition, Frederick Kiesler, en train de tendre l'une des ficelles.

[104] Cit. d'après Herbert Molderings, «Une application humoristique de géométrie non euclidienne», dans *Étant donné Marcel Duchamp*, n° 4, 2002, p. 159. Voir aussi Paul Matisse, «Marcel Duchamp», dans

Cahiers du musée national d'Art moderne, n° 3, 1980, p. 15. Gottfried Boehm a avancé la thèse selon laquelle Duchamp aurait opéré avec les *3 Stoppages étalon* une réflexion sur la loi de la chute des corps de Galilée. Or les chutes des fils n'ont pas fait l'objet d'une analyse du point de vue de cette loi, ce qui *stricto sensu* eût été scientifiquement possible si l'expérience avait été conçue de manière suffisamment fine – au contraire elles ont suscité des considérations pseudo-scientifiques quant à leurs prétendues incidences sur le concept de « droite idéale ». Voir Gottfried Boehm, « Zwischen Auge und Hand. Bilder als Instrumente der Erkenntnis », dans *Konstruktionen Sichtbarkeiten*, éd. par Jörg Huber et Martin Heller, Vienne, New York, Springer, 1999, p. 217-218.

105 Poincaré, 1902 (note 32), p. 59.

106 *Ibid.*, p. 60.

107 *Ibid.*, p. 65-66.

108 L'attitude de Duchamp envers la géométrie est beaucoup plus complexe que le décrit le concept de « deformational approach to geometry ». Voir Adcock, 1983 (note 36), p. 57. Une note intitulée « notion physique de la courbure » montre bien à quel point Duchamp était conscient de la différence entre les figures concrètes relevant de la physique et les figures géométriques idéales. Duchamp, 1999 (note 24), n° 156rv, p. 96.

109 Voir Shearer, Gould, 1999 (note 3), n.p. On peut élargir cette objection à l'argumentation de Janecke, qui, sans remettre directement en question la réalisation de l'expérience, parle d'un « résultat bâclé » et du « pseudo-hasard » du cheminement des fils. Janecke, 1995 (note 1), p. 113.

110 Poincaré, 1902 (note 32), p. 130-131.

111 *Ibid.*, p. 131.

112 Kuh, 1962 (note 4), p. 81.

113 Voir Poincaré, 1902 (note 32), p. 83-90.

114 Duchamp, 1975 (note 9), p. 55.

115 Duchamp a également fait intervenir le hasard en 1920 pour la coloration des tamis en fixant à l'aide de vernis, à l'intérieur des contours, la poussière qui s'était accumulée sur le verre au fil des mois.

116 Duchamp, 1975 (note 9), p. 77. Poincaré, encore une fois, était le spécialiste de la capillarité. Voir Henri Poincaré, *Capillarité*, Paris, 1893. Voir aussi Henderson, 1998 (note 92), p. 138-142 et suiv.

[117] Duchamp, 1975 (note 9), p. 72.

[118] *Ibid.*

[119] Voir lettre à Richard Hamilton du 24 août 1963, cit. d'après Jennifer Gough-Cooper et Jacques Caumont, « Ephemerides on and about Marcel Duchamp », 24-25 août, dans *Duchamp. Life and Work*, éd. Pontu Hulten, Cambridge, Mass., Londres, 1993.

[120] Duchamp en peignant par-dessus la surface de son tableau de 1911 *Jeune homme et jeune fille dans le printemps* transforme cette œuvre du point de vue sémantique. D'un sujet relevant de la tradition iconographique du printemps comme saison des amours, il fait une scène lugubre figurant le cimetière des amours.

[121] Le tableau a été publié sous ce titre, pour la première fois en 1942 dans le catalogue d'exposition *First Papers of Surrealism*, New York, n.p. (daté par erreur de 1913).

[122] A part dans Bonk, 1989 (note 58), p. 255, la littérature sur Duchamp affirme presque toujours que les lignes ont été tirées à l'aide des règles courbes découpées d'après les *3 Stoppages étalon*. Voir *The Almost Complete Works of Marcel Duchamp*, cat. exp., Londres, Tate Gallery, 1966, p. 49 ; *Marcel Duchamp*, éd. par Anne d'Harnoncourt et Kynaston McShine, cat. exp., New York, The Museum of Modern Art et Philadelphia Museum of Art, 1974, p. 274 ; Naumann, 1984 (note 5), p. 172 ; Schwarz, 2000 (note 8), p. 607 ; Janis Mink, *Marcel Duchamp 1887-1968*, Cologne, 1994, p. 45.

[123] « Avant d'employer la méthode des carrés pour la mise en perspective des Réseaux, j'avais l'intention de photographier "en perspective" – mais les essais laissèrent à désirer – le milieu de chaque Stoppage sur la photo devait m'aider à contrôler la validité de la perspective obtenue. » Duchamp à Serge Stauffer, Duchamp, 1981 (note 78), p. 290.

[124] « Photographier en position perspective les 9 unités partant du sommet de chaque moule et allant se réunir sous les tamis. » Duchamp, 1999 (note 24), n° 120, p. 76. Apparemment Duchamp aurait fait plus de photos que l'unique photo figurant dans la succession. Voir aussi dans Duchamp, 1975 (note 9), p. 123, la note « voir *photos* [souligné par l'auteur] pour la perspective des stoppages-étalon et des bonshommes rouges ».

[125] Voir Hamilton dans *Almost Complete Works*, 1966 (note 122), p. 49; Bonk, 1989 (note 58), p. 255. De l'une des notes de

Duchamp, on peut conclure qu'il aurait manifestement envisagé une autre solution de projection des lignes sinueuses sur le *Grand Verre* avant de peindre son tableau *Réseaux des stoppages*, car il est question dans cette note de 8 au lieu de 9 *moules mâlic* : « Les tubes d'étirement du gaz [d'éclairage] dans l'unité de longueur : se servir des 3 Stoppages étalon. avec du fil de pb. [construire] 3 *mètres* semblables aux stoppages étalon. = Les 3 ajoutés l'un à l'autre et réduits au 1/10 par la photo, formant 1/10 d'unité de longueur. avec les 3 unités, placées perspectivement par rapport à l'objectif photographique *comme dans le tableau* on obtient le dessin perspectif exact des 8 ou 24 tubes capillaires reliant les moules mâliques aux tamis ». Duchamp, 1999 (note 24), n° 120. D'après cette note, Duchamp avait l'intention de tordre, sur le modèle des *Stoppages étalon*, trois fils de plomb d'un mètre de long et de les disposer en perspective sur les huit moules mâlic pour les photographier ensuite de manière à obtenir une image perspective des *tubes capillaires* à l'échelle 1/10. La description détaillée du projet indique que Duchamp envisageait d'intégrer le dessin calqué sur cette photo dans son esquisse du *Grand Verre* réalisée à l'échelle 1/10. Cette expérience photographique a manifestement échoué comme pour le tableau *Réseaux des stoppages*.

126 Duchamp, 1999 (note 24), n° 182, p. 111.

127 Schwarz, 2000 (note 8), cat. 305 et 328 ; *The Société Anonyme and the Dreier Bequest at Yale University*, catalogue raisonné, éd. par Robert L. Herbert, Eleanor S. Apter et Elise K. Kenney, cat. coll. Yale University Art Gallery, New Haven, Londres, 1984, cat. 236 und 239.

128 Duchamp, 1975 (note 9), p. 48. Voir aussi Duchamp, 1999 (note 24), n° 185rv., p. 115.

129 Duchamp, 1975 (note 9), p. 48.

130 Voir Duchamp, 1975 (note 9), p. 76-77. Voir aussi la note « Le Gaz d'éclairage », *ibid.*, p. 72. Dans ces textes il n'est pas encore question des *3 Stoppages étalon*, mais Duchamp y emploie déjà le terme « étalon ».

131 Duchamp date le rajout d'une neuvième figure dans une lettre adressée à Richard Hamilton le 24 août 1963 à « around Dec[cember 19] 13 or Jan[uary] Feb[ruary 19]14 ». Cit. d'après *Ephemerides*, 24-25 août (note 119).

132 Cabanne, 1967 (note 12), p. 81. Dans sa réponse à la rubrique

« References » du questionnaire du Museum of Modern Art, il avait explicité la triade « unité, dualité, infini » par cette autre triade « unité, opposition et série » : « no three important / 1 – a unit / 2 – an opposition / 3 – a series ». Artist's files (note 5).

133 Duchamp à Paul Matisse, 1963, dans Molderings, 2002 (note 104), p. 19.

134 La contradiction entre la droite idéale et ses apparences morphologiques réelles s'était déjà manifestée dans les toutes premières esquisses littéraires préalables au *Grand Verre*, telle par exemple l'esquisse de l'idée du tableau d'un voyage en voiture « Route Jura-Paris » de novembre-décembre 1912, le tout premier document chronologique de la *Boîte verte*. Il y est écrit : « Graphiquement cette route tendra vers la ligne pure géométrique sans épaisseur. » Duchamp, 1975 (note 9), p. 42.

135 Elles sont ainsi présentées lors de leur première publication dans le magazine *Minotaure*, n° 10, hiver 1937, p. 34.

136 Duchamp, 1975 (note 9), p. 36.

137 Dès 1965 Richard Hamilton avait attiré l'attention sur la transformation morphologique des *3 Stoppages étalon* : « Three canvases were put on long stretchers and painted Prussian Blue. Each thread was dropped on a canvas and varnish was dripped on the thread to bond it to the canvas. [...] *The canvases were later cut from the stretchers and glued down on the strips of plate glass* [souligné par l'auteur]. » *Not Seen and/or Less Seen of/by Marcel Duchamp/Rrose Sélavy 1906-1964*, cat. exp., New York, Cordier & Ekstrom, 1965, cat. 55. La recherche sur Duchamp ne s'intéressa à cette transformation morphologique des *3 Stoppages étalon* qu'après l'étude détaillée de Ecke Bonk en 1989, fondée sur la correspondance entre Duchamp et Katherine S. Dreier. Bonk, 1989 (note 58), p. 218-219. Bonk ne discute cependant ni la forme, ni le statut des *3 Stoppages étalon* dans l'œuvre de Duchamp avant leur changement de forme.

138 Bonk, 1989 (note 58), p. 218, précise : « Duchamp les lui offrit après son travail à *Tu m'*. » Cette affirmation n'est cependant pas justifiée par un document.

139 « When I made the panel *Tu m'*, I made from the Stoppages-étalon 3 wooden rulers which have the same profile as the threads on the canvas. » Duchamp à Katherine S. Dreier le 20 mai 1935, dans *Affect^{t} Marcel. The Selected Correspondence of Marcel*

Duchamp, éd. Francis M. Naumann et Hector Obalk, Londres, 2000, p. 202. Voir aussi Bonk, 1989 (note 58), p. 218. L'incertitude a longtemps régné quant à l'apparence matérielle de l'œuvre. En 1960 encore, Lawrence D. Steefel Jr. considérait dans sa thèse sur Duchamp que l'ouvrage original n'était pas les fils sur la toile mais les règles en bois. Selon lui, Duchamp avait créé les règles en bois « to develop another version of the étalons. Duchamp used them to draw a line on a canvas strip which was mounted on a glass panel ». Lawrence D. Steefel, *The Position of La Mariée mise à nu par ses Célibataires, même (1915–1923) in the Stylistic and Iconocraphic Development of the Art of Marcel Duchamp*, dissertation, Princeton University, 1960, publiée sous le titre *The Position of Duchamp's Glass in the Development of His Art*, New York, Londres, 1977, p. 178-179, voir aussi p. 49-50. Steefel ne parle pas d'un fil mais du tracé d'une ligne, ce qui suggère qu'il n'a probablement pas vu l'original de l'œuvre. Elle se trouvait à l'époque « dans la cave du Museum of Modern Art (!!) », comme l'écrit Duchamp à Paul Matisse, en 1963, non sans ironie. Voir Molderings, 2002 (104), p. 159.

140 *Selected Correspondence*, 2000 (note 139), p. 202 (20 mai 1935) ; p. 206 (7. déc. 1935) ; p. 207 (1er janv. 1936).

141 *Ibid.*, p. 199.

142 Voir lettre à Katherine S. Dreier du 20 mai 1935, dans laquelle il nomme la peinture *Tu m'* « panel » (note 139).

143 Georges Hugnet, « L'Esprit Dada dans la peinture (I) », dans *Cahiers d'art* 7, 1932, n° 1-2, p. 57-65, ici p. 65 ; Daniels, 1992 (note 6), p. 318, note 154, considère que cette description prête à confusion. Il semble cependant qu'elle corresponde tout à fait à la réalité.

144 On distingue à droite et en arrière-plan l'envers du tableau *Broyeuse de chocolat n° 2*, reconnaissable aux contours des rouleaux dont les points à travers la toile sont fixés à l'aide de vernis. Publié pour la première fois dans Bonk, 1989 (note 58), p. 218. Les photos sont légèrement découpées à gauche et à droite, si bien que le caractère de tableau des « toiles » n'est pas vraiment visible.

145 De la même manière et au même endroit, il a photographié la peinture *Broyeuse de chocolat n° 2* de 1914. Voir ill. dans Bonk, 1989 (note 58), p. 221. Duchamp a toutefois travaillé avec un photographe pour la confection des clichés et des épreuves pour la

Boîte de 1914, ce que révèle la note suivante de la *Boîte verte* : « Comme "commentaire" à l'article Pentes – faire photographier : *avoir l'apprenti dans le soleil.* » Duchamp, 1975 (note 9), p. 76. Dans la succession se trouvait une boîte du laboratoire photographique Lumière & ses fils (13,5 × 18,5 cm) contenant 13 négatifs (12,8 × 7,8 cm), ayant servi au tirage des épreuves de la *Boîte de 1914*. Voir *Marcel Duchamp dans les collections du Centre Georges-Pompidou*, 2001 (note 8), cat. 9b.

146 *Marcel Duchamp dans les collections du Centre Georges-Pompidou*, 2001 (note 8), n° 9a et Schwarz, 2000 (note 8), cat. 285 : « Arensberg Box » et « N° 1 Duchamp Box » (Philadelphia Museum of Art). Nous ne savons pas pourquoi Duchamp n'a pas fait tirer d'épreuves des « décistoppages » pour les cinq exemplaires de la *Boîte de 1914*.

147 Selected Correspondence, 2000 (note 139), p. 207.

148 L'inscription n'est ni rectiligne ni centrée, elle épouse le tracé respectif des fils. Dans les « fenêtres », on distingue à divers endroits une ligne rouge qui reprend nettement le tracé du fil au recto et qui disparaît latéralement sous la peinture blanche. Sur de courts segments, cette ligne rouge est décalée de 1 ou 2 mm par rapport au tracé du fil. Voir ill. dans Schwarz, 2000 (note 8), p. 584.

149 Duchamp, 1975 (note 9), p. 59.

150 Voir Ulf Linde, « MARiée CELibataire », dans Arturo Schwarz, *Marcel Duchamp : Readymades, Etc. (1913-1964)*, Milan, Paris, 1964, p. 48 ; Henderson, 1998 (note 92), p. 63.

151 Duchamp, 1975 (note 9), p. 95.

152 Ces observations ainsi que les remarques concernant l'identité des matériaux et méthodes utilisés pour la confection de la *Broyeuse de chocolat n° 2* et des *3 Stoppages étalon* sont partie intégrante de notre essai « Standard Measures of the "Unique". On Marcel Duchamp's "Three Standard Stoppages" » remis depuis l'automne 2000 pour publication au « Art Science Research Laboratory » de New York. L'essai devait être publié dans le cadre d'une documentation, restée en suspens jusqu'à ce jour, sur les conférences tenues au symposium *Methods of Understanding Art and Science. The Case of Duchamp and Poincaré* à la Harvard University, du 5 au 7 novembre 1999. En avril 2003, un court article à ce sujet est paru sous la plume de Craig Adcock, « Duchamp's Perspective : The Intersection of Art and Geometry »

dans le journal on-line *tout-fait* (vol. 2, n° 5), édité par ledit Art Science Research Laboratory.

[153] Kuh, 1962 (note 4), p. 81.

[154] Étienne-Jules Marey : *Le Mouvement*, Paris 1894, p. 133 et passim.

[155] *Ibid.*, p. 24. L'idée d'engendrer des dimensions supérieures par rotation est l'idée principale de Duchamp dans ses spéculations sur une possible visibilité d'un espace à quatre dimensions. Voir Duchamp, 1975 (note 9), p. 136-139 et *passim*. Elle est aussi à l'origine de la construction de la *Roue de bicyclette* de 1913. Voir à ce sujet Molderings, 1995 (note 44), p. 130-133 et Molderings, 2004 (note 29), p. 119-124.

[156] Concernant la fonction du ready-made en tant qu'instrument de recherche, voir Molderings, 2004 (note 29) et H. Molderings, « It is not the objects that count, but the experiments. Marcel Duchamp's New York studio as a laboratory of perception », dans *Re-Object. Marcel Duchamp, Gerhard Merz, Damien Hirst, Jeff Koons*, cat. exp., Kunsthaus Bregenz, 2007.

[157] Concernant la signification du « photographique » pour les nouvelles techniques artistiques de Duchamp, voir Herbert Molderings, « Film, Fotografie und ihr Einfluß auf die Malerei in Paris um 1910. Marcel Duchamp - Jacques Villon - Frank Kupka », dans *Wallraf-Richartz-Jahrbuch*, XXXVII, 1975, p. 247-286 ; Margit Rowell dans *Frantisek Kupka 1871-1957. A Retrospective*, cat. exp. The Solomon R. Guggenheim Museum, New York, 1975, p. 49 et suiv. ; Jean Clair, *Duchamp et la photographie*, Paris, 1977 ; Adcock, 1983 (note 36), p. 7 et suiv. ; Rosalind Krauss, « Marcel Duchamp ou le champ imaginaire » [1980], dans *id.* : *Le photographique. Pour une théorie des écarts*, Paris, 1990, p. 71-88 ; Henderson, 1998 (note 92), p. 115 et suiv. ; Michel Frizot, *Étienne-Jules Marey Chronophotographe*, Paris, 2001, p. 285-289 ; Georges Didi-Hubermann, Laurent Mannoni, *Mouvements de l'air. Étienne-Jules Marey, Photographies des fluides*, Paris, 2004, p. 272-275 et suiv. ainsi que ill. 34 et 35.

[158] Duchamp en entretien avec Francis Roberts [1963] : « I propose to strain the laws of physics », dans *Art News*, décembre 1968, p. 62 : « The one [Readymade, HM] I love most [...] are the three meters of thread falling down. »

[159] *Exposition surréaliste d'Objets*, cat. exp., Paris, Galerie Charles Ratton, 22 au 22 mai 1936. Concernant l'interprétation surréa-

liste des ready-made, voir l'entrée « Objet » dans *Dictionnaire abrégé du Surréalisme*, Paris, 1938, p. 18.

160 Peut-être s'est-il inspiré des coffrets aux étalons de longueurs au musée des Arts et métiers (n° Inv. 3234-1) ou des boîtes à dessin ou instruments de mesure en usage à l'époque chez les ingénieurs. Voir Juan Antonio Ramírez, *Duchamp. Love and Death, even*, Londres, 1998, p. 36, ill. 16 et 17. Un détail reflète le regain d'intérêt porté par Duchamp au mètre étalon à cette époque : c'est lui qui entre 1935 et 1940 incita Walter Arensberg à acquérir le tableau, daté de 1933 environ, « Metric System » de Pierre Roy, peintre surréaliste plutôt médiocre. Voir *Selected Correspondence*, 2000 (note 139), p. 304 et ill. 183 dans *The Louise and Walter Arensberg Collection*, 20th Century Section, Philadelphia Museum of Art, 1954.

161 D'Harnoncourt, McShine, 1974 (note 122), p. 273. Après avoir modifié l'apparence en 1936 des *3 Stoppages étalon* pour les rapprocher des ready-made, Duchamp s'est bien gardé d'entraver leur perception à titre de protocole expérimental en évoquant les tableaux qui furent leur forme première.

162 *Fantastic Art Dada Surrealism*, éd. par Alfred H. Barr, Jr., cat. exp., New York, The Museum of Modern Art, 1936, p. 261, cat. 223. L'œuvre n'était pas reproduite dans le catalogue.

163 Furent également exposés les tableaux *Moulin à café*, *Mariée* et l'aquarelle *Le Roi et la Reine traversés par des Nus en vitesse*, *Fantastic Art*, 1936 (note 162), cat. 216, 217, 218.

164 *Ibid.*, p. 261.

165 Dans son « Brief Guide to the Exhibition », Barr ne mentionne pas les *3 Stoppages étalon* à la rubrique « Dada and Surrealist *Objects* » [souligné par l'auteur] mais à la rubrique « Composition by artificial accident », en ajoutant le commentaire suivant : « not illustrated, but important as probably the earliest », n.p.

166 *Fantastic Art*, 1936 (note 162), p. 22. Voir note 143. Le texte du catalogue de Hugnet a été également publié séparément sous le titre « Dada and Surrealism » dans le *Bulletin of the Museum of Modern Art* 4, 1936, n° 2-3.

167 Harriet et Sidney Janis, « Marcel Duchamp Anti-Artist », dans *View*, (numéro spécial sur Marcel Duchamp), 5, 1945, n° 1, p. 18 et 53, cit. d'après la traduction « Marcel Duchamp : l'anti-artiste » dans *Étant donné Marcel Duchamp*, n° 4, second semestre 2002, p. 102.

[168] *Ibid.*

[169] Voir George Heard Hamilton dans *Bulletin of the Associates in Fine Arts at Yale University*, 13, 1945, n° 2, p. 2 : « perhaps the single most important, as it is certainly the least known contribution to the formulation of a new esthetic ».

[170] Alfred Barr, cit. d'après Schwarz, 2000 (note 8), p. 594.

[171] Gabrielle Buffet, « Cœurs volants », dans *Cahiers d'art* 11, 1936, p. 34-44, ici p. 40. Cet essai est également paru en traduction anglaise dans le numéro spécial de *View* consacré à Duchamp (note 167).

[172] *Minotaure*, 10, 1937, p. 34. La légende reprend « l'idée de la fabrication » : « Si un fil droit horizontal d'un mètre de longueur tombe d'un mètre de hauteur sur un plan horizontal en se déformant à son gré et donne une figure nouvelle de l'unité de longueur. »

[173] *Dictionnaire abrégé du Surréalisme*, Paris, 1938, p. 13.

[174] Bonk, 1989 (note 58), p. 219.

[175] Schwarz, 2000 (note 8), cat. 282c. Outre l'édition 1/8 – 8/8 furent tirés deux exemplaires pour l'artiste et l'éditeur (« ex. Rrose » et « ex. Arturo ») ainsi que deux exemplaires à des fins d'exposition. Contrairement à l'original, le fil utilisé pour les répliques est un fil d'un mètre exactement, fixé sur la toile à l'aide de vernis, et non un plus long fil destiné à être cousu à travers la toile.

[176] *L'œuvre de Marcel Duchamp*, cat. exp., Paris, musée national d'Art moderne – Centre national d'art et de culture Georges-Pompidou, Paris, 1977, vol. I, cat. 94.

[177] *Artist's files* (note 5), feuillet 2.

[178] Voir *Picasso und Braque. Die Geburt des Kubismus*, cat. exp. Bâle, Kunstmuseum, 1990, ill. 321, 370, 371, 413.

[179] *Duchamp, 1975 (note 9)*, p. 113.

[180] Voir Schwarz, 2000 (note 8), ill. 79, p. 335. Nous remercions Hector Obalk, Paris, qui nous a aidé à déchiffrer cette phrase.

[181] Voir Schwarz, 2000 (note 8), cat. 280.

[182] Comme Janecke n'envisage pas cette possibilité, il parle au sujet des *3 Stoppages étalon* de « résultat bâclé ». Janecke, 1995 (note 1), p. 113. Voir aussi Roberto Giunti, « R. rO.S.E.Sel.A.Vy.1. The Odyssey of Stoppages », dans *tout-fait. The Marcel Duchamp Studies Online Journal* 2, 2002, n° 4.

[183] Remarquons cependant que le mètre étalon conservé au Bureau international des poids et mesures de Sèvres ne mesure pas un

mètre mais 1,02 mètre de long. Deux encoches sur la barre de platine iridié indiquent la distance exacte d'un mètre.

184 Voir Leslie Camhis, article sur les activités du « Art Science Research Laboratory » de New York intitulé : « Did Duchamp deceive us ? », dans *Art News*, février 1999, p. 98-102. En tant qu'artiste et personnalité, Duchamp fait l'objet, au gré des mouvances sur la scène artistique, d'une nouvelle interprétation tous les dix ans. Après avoir été qualifié tous azimuts de contradicteur, de taiseux, de joueur d'échecs, ou de stratège, il est traité de « trickster » (truqueur) dans le magazine *tout-fait, The Marcel Duchamp Studies Online Journal* paraissant à New York depuis 1999.

185 Le texte détaillé de la note au verso d'une lettre du 4 novembre 1914 sous le titre « 3 Courants d'air » est le suivant : « Exécuter photos d'un morceau d'étoffe *"piston du courant d'air"*, c.-à-d. accepté et refusé par le courant d'air (3 fois). [...] en faire exécuter 6 clichés en simili pour pouvoir imprimer facilement. Probablement, sur *très bon papier photo* exécuter un tableau fait de clichés obtenus comme plus haut (aussi le décistoppage) = La photo devenant le tableau lui-même. » Duchamp, 1999 (note 24), n° 117, p. 72-73. Paul Matisse, traducteur et éditeur des « Notes », traduit par erreur en anglais le terme "décistoppage" par "the underexposure".

186 Schwarz, 2000 (note 8), cat. 307 a/b.

187 Duchamp, 1975 (note 9), p. 105.

188 Kuh, 1962 (note 4), p. 81.

189 Cité d'après *Almost Complete Works*, 1966 (note 122), p. 52. Concernant les expériences conceptuelles dont procèdent ces objets expérimentaux, voir Molderings, 1995 (note 45), *id.*, 2004 (note 29) et *id.*, 2007 (note 155).

190 Singulièrement, Duchamp n'a pas intégré cette œuvre aux documents de la *Boîte verte*. Peut-être cela tient-il au fait qu'il ne disposait pas de photographie des *3 Stoppages étalon* en 1933. Il avait cependant les négatifs des « décistoppages ».

191 Duchamp, 1999 (note 24), n° 771, p. 47.

192 Duchamp, 1999 (note 24), n° 69 recto/verso, p. 42.

193 Artist's files, (note 5).

194 Duchamp utilisa le terme « étalon » dans ses notes avant d'avoir trouvé la combinaison avec le mot « stoppage » : « Étant donné l'unité de longueur à section élémentaire les tubes de section dou-

ble auront une longueur double de (physique amusante) l'étalon à section élémentaire». Duchamp, 1975 (note 9), p. 72, note 4.

195 Jennifer Gough-Cooper et Jacques Caumont avancent que «Duchamp's starting point [was] "stoppages et talons", a shop sign in the rue Claude-Bernard advertising invisible mending and heel repairs to socks and stockings», dans *Ephemerides*, 19 mai 1914 (note 119). De même Didier Ottinger parle d'une telle enseigne dans sa note sur les «3 stoppages étalon» dans *Marcel Duchamp dans les collections du Centre Georges-Pompidou*, 2001 (note 8), p. 38. L'existence d'une enseigne de ce type n'est pas attestée jusqu'à ce jour. Quoi qu'il en soit nous approuvons l'interprétation des *3 Stoppages étalon* donnée dans cette note, laquelle reprend point par point les thèses de notre communication «Standard Measures of the "Unique". On Marcel Duchamp's "Three Standard Stoppages"» au symposium *Methods of Understanding Art and Science. The Case of Duchamp and Poincaré* à la Harvard University (1999), qui nous a du reste valu les bienveillants compliments dudit auteur de la note.

196 Voir Duchamp, 1975 (note 9), p. 173.

197 Voir *Ephemerides*, 10 juin 1912, note 119. En ce qui concerne l'influence de Roussel sur l'art de Duchamp, voir l'entretien de Duchamp avec James Johnson Sweeney, 1946, dans Duchamp, 1975 (note 9), p. 173-174 ; Michel Sanouillet, «Marcel Duchamp and the French Intellectual Tradition», dans d'Harnoncourt, McShine, 1974 (note 122), p. 48-55 ; Georges Raillard, «Roussel. Les fils de la vierge», dans *L'Œuvre de Marcel Duchamp*, 1977 (note 176), t. III, p. 185-202 ; Marc Décimo, «Marcel Duchamp et Jean-Pierre Brisset : deux artistes en leur genre», dans *Étant donné*, n° 4, 2002, p. 43.

198 Raymond Roussel, *Comment j'ai écrit certains de mes livres*, Paris, 1979. Quant à la méthode de Roussel, voir Michel Foucault, *Raymond Roussel*, Paris, 1963.

199 Cité d'après *Raymond Roussel. Eine Dokumentation*, éd. par Hans Grössel, Munich, 1977, p. 78 Roussel, 1979 (note 198), p. 11-12.

200 *Ibid.*, p. 16. «Parler à platine» signifiant «faire du baratin».

201 A propos des travaux de stoppage exécutés par les tailleurs, voir l'*Annuaire du Commerce Didot-Bottin*, t. I.2, Paris, 1913, p. 3176, à la rubrique «Tailleur» : Innovation (1), atelier spéc. pour la réparation de vêtements, stoppage, rue Jouffroy, 81.

[202] Bouet, rue Monge, 37, Ch. Sanson, rue Monge, 38 et Duval, rue Lacepède, 11 *bis*, cit. d'après *Annuaire du Commerce Didot-Bottin*, t. I.2, 1913, à la rubrique « Stoppeurs-Repriseurs », p. 3176.

[203] A. Joly au 14 rue Croix-des-Petits-Champs, *ibid.*

[204] Académie artistique des stoppeurs de Paris. Anc. Mes Beaumont & Cie. Stoppages dans tous les tissus et vêtements déchirés ou piqués aux vers, etc., etc. 5 boul. du Palais. *Ibid.*

[205] Voir *Ephemerides*, 26 octobre [1912] (note 119) et Gabrielle Buffet-Picabia, *Aires abstraites*, Genève, 1957, p. 58-64.

[206] Guillaume Apollinaire, *Alcools. Poèmes 1898-1913*, Paris, 1913.

[207] Duchamp, 1975 (note 9), p. 41-42.

[208] Apollinaire, 1980 (note 15), p. 100.

[209] *Ibid.*, p. 99-100.

[210] Au sujet des « abstractions scientifiques » sous-tendant la construction de la *Roue de bicyclette*, voir Molderings, 1995 (note 44), p. 130-133 et Molderings, 2004 (note 29), p. 119-124.

[211] La dédicace est datée du 29 janvier 1913. Voir catalogue de vente « Bibliothèque d'un grand amateur européen », Christie's, Paris, 23 mai 2006, n° 4, p. 16.

[212] Voir Duchamp, 1975 (note 9), p. 113. Au sujet des fantasmes de teinture chez Duchamp, voir Thierry De Duve, *Nominalisme pictural. Marcel Duchamp. La peinture et la modernité*, Paris, 1984, p. 185 et suiv. Dans la rue Claude-Bernard il y avait trois teinturiers, voir *Annuaire du Commerce Didot-Bottin*, Paris, 1913, vol. II, rues : rue Claude-Bernard, 2, Fenard, teinturier ; 17, Bard, teinture ; 61, Bernadas, teinturier.

[213] Voir *Selected Correspondence*, 2000 (note 139), p. 43.

[214] « Notes générales pour un tableau hilarant. Mettre toute la mariée sous globe, ou dans une cage transparente ». Duchamp, 1999 (note 24), n° 773, p. 48. Voir aussi n° 68r, p. 41 de même que la note à propos d'une « vitrine-buffet » dans Duchamp, 1975 (note 9), p. 106.

[215] Duchamp en entretien avec R. Hamilton, 1959, cit. d'après Clair, 2000 (note 51), p. 63.

[216] En ce qui concerne l'iconographie de ce tableau, voir Herbert Molderings, « Vom Tafelbild zur Objektkunst : Kritik der "reinen Malerei" », dans Werner Busch et Peter Schmoock, *Kunst. Die Geschichte ihrer Funktionen*, Weinheim, Berlin, 1987, p. 223.

[217] Pharmacie Lhopitallier.

[218] Schwarz, 2000 (note 8), cat. 634 et 648.

[219] Voir *Annuaire du Commerce Didot-Bottin*, t. I.2, Paris 1913, p. 3211 : Meillon (A) Fils, maison spéciale d'habillements administratifs, militaires et livrées, fournisseur des principales maisons de banque, d'assurances, des principaux hôtels, cercles, et de divers administrations civiles et militaires ; costumes de livrées, uniformes en tout genre ; spécialité pour sapeurs-pompiers, sergents de ville, octroi, gardes de squares, gardes-champêtres, rue Hippolyte-Lebas, 6. – Martin (H), Costumes, Habits, Fourrures, Uniformes, Livrées, rue Royale, 14. Au sujet de l'intérêt de Duchamp pour les métiers de vêtements voir W. Bowdoin Davis, Jr., Duchamp : Domestic Patterns, Covers, and Threads, New York 2002.

[220] Schwarz, 2000 (note 8), cat. 279 et 289.

[221] Voir le chapitre « Die Akademie des Flaneurs » in Molderings, 1983 (note 37), p. 66-79. A. d'Harnoncourt, W. Hopps : *Étant donnés : 1° la chute d'eau 2° le gaz d'éclairage… Reflections on New Work by Marcel Duchamp*, Philadelphia Museum of Art Bulletin, LXIV, 299-300, 1969, p. 31 ; David Joselit, *Infinite Regress. Marcel Duchamp 1910-1941*, Cambridge Mass., Londres, 1997, p. 137-143.

[222] Duchamp, 1975 (note 9), p. 105-106.

[223] Schwarz, 2000 (note 8), cat. 511-512. Voir Thomas Girst, « Duchamp's Window Display for André Breton's *Le Surréalisme et la Peinture* (1945) », dans *tout-fait. The Marcel Duchamp Studies Online Journal* 2, 2002, n° 4 et Nina Schleif, « Die Frage der Schaufenster. Marcel Duchamps Arbeiten in Schaufenstern », dans *tout-fait. The Marcel Duchamp Studies Online Journal* 2, 2003, n° 5 ; Hellmut Wohl, « Marcel Duchamp in Newark », dans *The Burlington Magazine*, 145, 2004, p. 36-39.

[224] Artist's files, (note 5). Ne connaissant pas ce questionnaire, Maurice Fréchuret développa dans son livre récemment paru *Le mou et ses formes. Essai sur quelques catégories de la sculpture du XXe siècle* une interprétation des *3 Stoppages étalon* qui ignore totalement la problématique géométrique dont ils découlent, Paris, 2004, p. 27-44.

[225] Marcel Duchamp, « A Propos of Myself », conférence et projection de diapositives au City Art Museum de Saint Louis, Missouri, novembre 1964. Cit. d'après d'Harnoncourt et Kynaston, 1974 (note 122). p. 273-274, Cit. d'après Duchamp, 1975 (note 9), p. 225.

[226] Voir les termes identiques de Duchamp dans une lettre à Serge Stauffer de 1961, dans Duchamp, 1981 (note 78), p. 266.

[227] Jouffret, 1903 (note 36), p. 15-17 ; Adcock, 1983 (note 36), p. 66-67, 96-99.

[228] Poincaré, 1902 (note 32), p. 52-53.

[229] *Ibid.*, p. 63.

[230] *Ibid.*, p. 66-67.

[231] *Ibid.*

[232] Le chapitre V « L'Expérience et la Géométrie » commence par la constatation « que les principes de la géométrie ne sont pas des faits expérimentaux et qu'en particulier le postulatum d'Euclide ne saurait être démontré par l'expérience ». Poincaré, 1902 (note 32), p. 92.

[233] *Ibid.*, p. 66.

[234] *Ibid.*, p. 90-91.

[235] Duchamp, 1975 (note 9), p. 101.

[236] Poincaré, 1912 (note 40), p. 66-67. Au sujet de Riemann, fondateur de la topologie, voir Nicolas Bourbaki, *Éléments d'histoire des mathématiques*, Paris, 1984.

[237] Au sujet de Duchamp fasciné par la topologie, voir les mémoires du mathématicien François Le Lionnais, « Échecs et maths », dans *L'œuvre de Marcel Duchamp*, 1977 (note 176), t. III, p. 51 ; Jean Clair, « Sexe et topologie », *ibid.*, p. 52 et suiv. et *id.*, « Duchamp et la photographie », Paris, 1977, p. 102-122; Molderings, 1983 (note 37), p. 42-47 ; Adcock, 1983 (note 36), p. 124-129.

[238] Duchamp, 1975 (note 9), p. 66. Soulignons qu'avec les *3 Stoppages étalon* un élément de géométrie topologique intervient aussi dans l'espace en perspective bien « mensuré » de la *Machine célibataire.*

[239] Poincaré, 1913 (note 40). Voir le chapitre « L'Analysis Situs et le continu », p. 57-63 et « L'Analysis Situs et l'intuition », p. 92-97.

[240] Poincaré mourut en 1912.

[241] Poincaré, 1913 (note 40), p. 58.

[242] *Ibid.*, p. 58-59.

[243] Voir Adcock, 1984 (note 36), p. 255-257.

[244] Poincaré, 1913 (note 40), p. 59-60.

[245] *Ibid.*, p. 93.

[246] *Ibid.*, p. 61-62. Poincaré avait développé la même idée dans *Science et Méthode* de 1908. Voir le chapitre « La relativité de l'espace », p. 95-122.

[247] Poincaré, 1913 (note 40), p. 62-63. Poincaré renvoie probablement à l'introduction au chapitre « La notion de l'espace » dans Poincaré, 1912 (note 40), p. 59 où il est question d'un « réseau de lignes et de surfaces » : « Dans ce continuum, primitivement amorphe, on peut imaginer un réseau de lignes et de surfaces, on peut convenir ensuite de regarder les mailles de ce réseau comme égales entre elles, et c'est seulement après cette convention que ce continuum, devenu mesurable, devient l'espace euclidien ou l'espace non euclidien. »

[248] Dans une de ses notes posthumes, Duchamp emploie aussi le terme « Réseau » au singulier : « Réseau de 9 Stoppages étalon ». Duchamp, 1999 (note 24), n° 120, p. 76.

[249] Henderson, 1983 (note 26), p. 131.

[250] L'idée de la représentation sphérique de l'espace n'était pas étrangère à Duchamp comme le prouve une de ses notes posthumes : « *La boule de jardin* [souligné par l'auteur], les miroirs déformants, 2 glaces l'une en face de l'autre, multipliant les mouvements à l'infini. » Duchamp, 1999 (note 24), n° 196, p. 121.

[251] Cit. d'après Albert Gleizes, *Kubismus*, réimpression en fac-similé de l'édition de 1928, Mayence, 1980, p. 10.

[252] Albert Gleizes, Jean Metzinger, *Du "Cubisme"*, Paris, 1980, p. 49.

[253] *Ibid.*

[254] Voir Henderson 1998 (note 92), p. 188.

[255] Voir Antliff, Leighten, 2001 (note 28), p. 71-79.

[256] Pour Henderson, la remise en question des principes euclidiens par Duchamp ne va pas de pair avec une critique de la pensée scientifique ; d'après elle, Duchamp, comme un scientifique, se serait tourné vers les nouveaux principes venant élargir ou remplacer les anciens. Voir Henderson, 2001 (note 82), p. 312.

[257] Duchamp, 1999 (note 24), n° 161v. et 162rv., p. 98-99.

[258] Duchamp se caractérise lui-même comme un penseur cartésien essayant de se libérer du cartésianisme : « I happen to be *born* a Cartesian. The French education is based on a sequence of strict logic. You carry it with you. I had to reject Cartesianism in a way. I don't say that you can't be both. Perhaps I am », dans Dore Ashton, « An interview with Marcel Duchamp », dans *Studio international*, CLXXI, 878, juin 1966, p. 244-245.

[259] A la question d'un journaliste : « Is there any part of your work that you are most satisfied with ?» il répond en 1967 : « The intro-

duction of"random" into art seems to be an important contribution, though, in the last analysis, Rubens'technique was just as "random" as the accidental threads I let fall on my canvas. » Remarques rédigées par Marcel Duchamp dans le cadre d'une conférence de presse à l'occasion de la présentation d'un nouveau moulage de la sculpture de Raymond Duchamp-Villon *Le Cheval majeur* à la galerie Knoedler, New York, 24 octobre 1967, Archives Raymond Duchamp-Villon, bibliothèque Kandinsky, Centre Georges-Pompidou, Paris.

260 Poincaré, 1940 (note 42), p. 103.

261 Laurence Stephen Gold, *A Discussion of Marcel Duchamp's Views on the Nature of Reality and their Relation to the Course of his Artistic Career*, B. A. Diss., Princeton University, 1958, n° 8.

262 A l'exception de Katharine Kuh qui, se fondant sur ses entretiens détaillés avec Duchamp, note dans le catalogue d'exposition « Twentieth Century Art from the Louise and Walter Arensberg Collection » (Chicago, Art Institute, 1949) : « His pseudo-scientific speculations, partially symbolic, partially rational, are always connected tightly with a central idea. Toward modern science and its machinery he developed a mysterious ambivalence, where his respect was cynically dissipated by humor and doubt. » Cit. d'après *Ephemerides*, 19 octobre [1949] (note 119). En 1967 encore, Robert Smithson avançait que l'humour était étranger à la manière dont les Américains percevaient l'art : « The varieties of humor are pretty foreign to the American temperament. It seems that the American temperament doesn't associate art with humor. Humor is not considered serious », *The Writings of Robert Smithson*, éd. Nancy Holt, New York, 1979, p. 66.

263 *Minotaure*, n° 6, 1935, p. 45.

264 Même après l'analyse récemment publiée de Karl Gerstner : *Marcel Duchamp : Tu m'. Rätsel über Rätsel*, Ostfildern-Ruit, 2003, diverses parties du tableau ne sont toujours pas déchiffrées. Voir aussi Adcock, 1983 (note 36), p. 55 et suiv. ; Lenain, 1984 (note 81), p. 87-104 et Victor I. Stoichita, *Eine kurze Geschichte des Schattens*, Munich, 1999, p. 194-196.

265 Concernant la signification de la théorie de l'ombre portée quadridimensionnelle pour la genèse des ready-made, voir Molderings, 2004 (note 29), p. 111-119.

266 Poincaré, 1912 (note 40), p. 67.

[267] Sur le tableau, seules deux lignes apparaissent avec netteté, une rouge et une noire, ce qui correspond à la description de Duchamp dans le questionnaire que lui avait envoyé, en 1952, Marcel Jean, peintre surréaliste et essayiste, en préparation de son livre *Le Surréalisme et la Peinture*. Il y est écrit au sujet de *Tu m'* : « La partie droite du tableau est un embrouillamini de calculs plus ou moins artificiels avec des compas et les stoppages étalon dont 4 double-lignes partent nettement des 4 coins du carré blanc » (cit. d'après *Lettres à Marcel Jean de Marcel Duchamp*, Munich, 1987, p. 46). On distingue cependant une ébauche au crayon de trois lignes partant de chacun des angles du carré blanc. Duchamp a manifestement changé de plan en cours d'exécution du tableau et n'a peint que deux des lignes des *Stoppages étalon*.

[268] Poincaré, 1902 (note 32), p. 233-235.

[269] Schwarz, 2000 (note 8), t. I, p. 223. On peut bien sûr lire dans *Tu m'* l'anagramme de « Mutt », ce pseudonyme sous lequel Duchamp remit un an auparavant à l'exposition de la « Society of Independent Artists » son urinoir sous l'appellation « Fountain ». Voir Ulf Linde dans Hopps, Linde et Schwarz, 1964 (note 150), p. 63. Phonétiquement, on peut également lire « Tu aimes », reste à savoir si le pronom personnel se rapporte à l'artiste ou au regardeur et si l'objet aimé est la peinture en tant qu'art d'illusion ou la géométrie. Voir Ramírez, 1998 (note 160), p. 63

[270] Au sujet du conventionnalisme de Poincaré, voir Tobias Dantzig, *Henri Poincaré. Critic of Crisis. Reflections on His Universe of Discourse*, New York, Londres, 1954 ; Jerzy Giedymin, *Science and Convention. Essays on Poincaré's Philosophy of Science and the Conventionalist Tradition*, Oxford, New York, Toronto, Sydney, Paris, Francfort, 1982 ; Greffe *et al.*, *Henri Poincaré*, 1996 (note 37).

[271] Divers chapitres de *La Science et l'Hypothèse* (1902) et *La Valeur de la science* (1905) avaient été préparés dans les années 1894 à 1900 par des essais dans la *Revue de métaphysique et de morale*. Voir « Sur la nature du raisonnement mathématique », juillet 1894 ; « L'espace et la géométrie », novembre 1895 ; « Réponses à quelques critiques », mai 1987 ; « La mesure du temps », janvier 1898 ; « Les fondements de la géométrie, à propos d'un livre de M. Russell », novembre 1899 ; « Sur la valeur objective de la science », mai 1902 ; « L'espace et ses trois dimensions » (I), mai 1903 ; « L'espace et ses dimensions » (II), juillet 1903.

[272] Le Roy représenta Bergson au Collège de France de 1914 à 1921 et devint son successeur à l'Académie française en 1945.

[273] Édouard Le Roy, « Science et Philosophie », dans *Revue de métaphysique et de morale*, juillet 1899, p. 375-425, septembre 1899, p. 503-562, novembre 1899, p. 708-731 ; « Un positivisme nouveau », *ibid.*, mars 1901, p. 138-153.

[274] Henri Poincaré, « Sur la valeur objective de la science », dans *Revue de métaphysique et de morale*, mai 1902, p. 263-293 ; *id.*, « La valeur objective de la science », dans Poincaré, 1912 (note 40), p. 213-276.

[275] Poincaré, 1912 (note 40), p. 214.

[276] Édouard Le Roy, *Dogme et Critique*, Paris, 1906 ; *Une philosophie nouvelle. Henri Bergson*, Paris, 1912.

[277] Abel Rey, *La théorie de la physique chez les physiciens contemporains*, Paris, 1907, p. 17 et suiv.

[278] Poincaré, 1912 (note 40), p. 221 et suiv.

[279] *Ibid.*, p. 226-227.

[280] *Ibid.*, p. 225.

[281] Voir *L'aventure du mètre*, cat. exp., Paris, musée national des Techniques-CNAM, 1989.

[282] *Ibid.*, p. 29.

[283] *Ibid.*, p. 44.

[284] Le litre est « la mesure de capacité, tant pour les liquides que pour les matières sèches, dont la contenance sera celle du cube de la dixième partie du mètre ». Il correspond donc à un décimètre cube. Le gramme « est le poids absolu d'un volume d'eau pure, égal au cube de la centième partie du mètre et à la température de la glace fondante ». *Ibid.*, 4.

[285] *Ibid.*, p. 63.

[286] *Ibid.*, p. 69.

[287] Poincaré, 1902 (note 32), p. 90-91.

[288] Poincaré, 1912 (note 40), p. 57-58.

[289] Duchamp, 1975 (note 9), p. 101.

[290] Denis de Rougemont, « Marcel Duchamp mine de rien », dans *Preuves*, n° 204, février 1968, p. 43, 47. Voir aussi : « There is no finality ; we build tautologically and get nowhere. – I once read part of a book by a Viennese group of mathematicians. They showed that all conceptions of reality were tautological except for black coffee. It was the only reality. I found that a very plea-

sing and amusing conception, and thought it showed a great deal of intelligence », Gold, 1958 (note 261), n° 37-38.

[291] *Revue de métaphysique et de morale*, septembre 1899, p. 550.

[292] Jehan Mayoux, *La liberté une et divisible*, textes critiques et politiques, Ussel, 1979, p. 96 et 98. Repris dans *Marcel Duchamp. Lettres sur l'art et ses alentours 1916-1956*, réunies et annotées par André Gervais, Paris, 2006, p. 52-53.

[293] Sur ce point nous devons corriger nos propres propos de 1983 dont on pourrait conclure que Poincaré lui-même aurait eu une attitude nominaliste et agnostique dans les sciences. Voir Molderings, 1983 (note 37), p. 35-37.

[294] *Revue de métaphysique*, mai 1902, p. 265. Réimpression dans Poincaré, 1912 (note 40), p. 218.

[295] Poincaré, 1902 (note 32), p. 133-34.

[296] Poincaré, 1912 (note 40), p. 9.

[297] Gaston Milhaud, « La science et l'hypothèse par M. H. Poincaré », dans *Revue de métaphysique et de morale*, novembre 1903, p. 784.

[298] *Ibid.*, p. 788.

[299] Jules Tannery, *Science et philosophie*, Paris, 1912, p. 72.

[300] *Ibid.*, p. 73-74.

[301] Musée des Arts et Métiers, Inv. n° 3296.

[302] Voir Henderson, 1998 (note 92), p. 187-88 ; Adcock, 1984 (note 37), p. 251, 257.

[303] Si Adcock souligne certaines différences entre le conventionnalisme de Poincaré et le relativisme et scepticisme de Duchamp, il n'est pas en mesure de discerner l'élan critique vis-à-vis des sciences qui habite l'œuvre du second car il méconnaît la part d'ironie et d'humour inhérente à sa pensée. Adcock, 1984 (note 37), p. 250-251. Dans *Marcel Duchamp's Notes From the "Large Glass"*, il dit même de la pensée de Duchamp qu'elle est marquée par Poincaré au sceau du positivisme. Adcock, 1983 (note 36), p. 39.

[304] Duchamp, 1975 (note 9), p. 111. La note publiée pour la première fois en 1967 comme partie intégrante de la *Boîte blanche* est datée au verso de 1914. Concernant le « nominalisme littéral » de Duchamp, voir Duchamp, 1999 (note 24), n° 185, p. 115 et De Duve, 1984 (note 212), p. 185-197 ; au sujet du projet de nominalisme des couleurs voir id., p. 198-210.

[305] Voir Apollinaire, 1980 (note 15), p. 63.

[306] Cit. d'après Gleizes, 1980 (note 251), p. 10.

[307] Abel Rey (1873-1940) fut le successeur de Gaston Milhaud à la chaire d'histoire de la philosophie dans ses rapports avec les sciences à la Sorbonne. Sur son initiative fut fondé en 1932 à la Faculté des lettres l'Institut d'histoire des sciences, l'actuel Institut d'histoire et de philosophie des sciences et des techniques.

[308] Voir Rey, 1907 (note 277), p. 19.

[309] Édouard Le Roy, *La pensée intuitive*, vol. II, Paris 1929-1930 ; *id.*, *Le problème de Dieu*, Paris, 1929 ; *id.*, *Introduction à l'étude du problème religieux*, Paris, 1944.

[310] Voir Molderings, 1983 (note 37), p. 91-94.

[311] Gold, 1958 (note 261), n° 29.

[312] Au sujet de la conception duchampienne de l'art et de la vie en tant que jeu, voir Michel Leiris, « *La Mariée mise à nu par ses célibataires, même*, par Marcel Duchamp », dans *La Nouvelle Revue française*, n° 279, déc. 1936, p. 1087-1089 ; Molderings, 2002 (note 19), p. 20 et Molderings, 2004 (note 29), p. 126-127. Au sujet de l'art en tant que jeu, voir H.U. Reck, « Aleatorik in der bildenden Kunst », dans Gendolla, Kamphusmann, 1999 (note 1), p. 178-180.

[313] « If there was any philosophical idea involved in what I did, it was that nothing is serious enough to take seriously. » Duchamp dans une interview avec Dorothy Norman [1953], dans *Art in America*, 4, juillet-août 1969, p. 38.

[314] Henderson, 1998 (note 92), p. 67, 184.

[315] *Ibid.*, p. 188.

[316] *Ibid.*

[317] Cette thèse est également soutenue par Antliff, Leighten, 2001 (note 28), p. 109.

[318] Henderson, 1998 (note 92), p. 77.

[319] Voir dans ce contexte la théorie de Duchamp selon laquelle l'artiste serait un « être médiumnique » dans Duchamp, 1975 (note 9), p. 187-189 et Louis Goldaine, Pierre Astier, *Ces peintres vous parlent*, Paris, 1964, p. 46.

[320] Gold, 1958 (note 261), n° 21 et 13.

[321] Duchamp, 1975 (note 9), p. 72.

[322] Voir note 104.

[323] Henderson, 1998 (note 92), p. 76-77. Antliff et Leighten ont repris cette thèse à leur compte et présentent Duchamp comme étant « anti-bergsonien », Antliff, Leighten, 2001 (note 28), p. 101.

[324] L'essai de Lucia Beier constitue une première contribution (« The Time Machine : A Bergsonian Approach to the "Large Glass" », dans *Gazette des Beaux-Arts*, 88, nov. 1976, p. 194-200). L'auteur fait remonter à *L'évolution créatrice* de Bergson (1907) le concept de « durée » ayant joué un grand rôle dans la conception du *Grand Verre*, et souligne qu'il est plausible que Duchamp ait lu cet ouvrage. Voir aussi le chapitre « Duchamp, lecteur de Bergson ? » par Marc Décimo, « Marcel Duchamp et Jean-Pierre Brisset : deux artistes en leur genre », dans *Étant donné*, 4, 2002, p. 41-43.

[325] Duchamp, 1999 (note 24), n° 135 et 273.

[326] Gold, 1958 (note 261), n° 19. Cette remarque est peut-être un écho à la lecture de Bergson, *La pensée et le mouvant*, de 1912. Il convient également d'explorer les relations entre Duchamp et Nietzsche. Voir Duchamp, 1999 (note 24), n° 135 et Jean-Jacques Lebel, 1966 : « Duchamp m'a dit que parmi les philosophes les plus "ennuyeux" du XIXe siècle Stirner et Nietzsche étaient les seuls que Picabia et lui avaient lus », cit. d'après *Marcel Duchamp. Interviews und Statements*, éd. Serge Stauffer, Ostfildern-Ruit, 1992, p. 210. Dans sa biographie de Duchamp, Tomkins avance la supposition que l'artiste n'aurait « jamais lu quoi que ce soit sur Bergson et Nietzsche », même si les sources sont rares, il semble que ce jugement soit un peu précipité. Tomkins, 1996 (note 34), p. 68.

[327] Gold, 1958 (note 261), n° 25 et 20.

[328] Cit. d'après Calvin Tomkins, *Ahead of the Game. Four Versions of Avantgarde. John Cage, Marcel Duchamp, Jean Tinguely, Robert Rauschenberg*, Londres, 1968, p. 36-37. Voir les remarques similaires dans l'entretien avec Francis Roberts, *Art News*, 1968 (note 158), p. 47.

[329] Voir la note posthume : « Le Possible physique ? Oui mais quel Possible physique, hypophysique plutôt », Duchamp, 1999 (note 24), n° 82rv, p. 51.

[330] « Gestes et opinions du Docteur Faustroll, pataphysicien », dans Alfred Jarry, *Œuvres complètes*, vol. I, Paris, 1980.

[331] « Gestes et opinions du Docteur Faustroll, pataphysicien », dans *Vers et Prose*, vol. XXIII, octobre, novembre, décembre 1910, p. 69-78.

[332] Jarry, 1980 (note 330), p. 31-32.

[333] Voir Noël Arnaud, « La Vie nouvelle d'Alfred Jarry », dans *Critique*,

décembre 1959, p. 1013-1025 ; Henri Bouché, François Lachenal, *Was ist Pataphysik ? Elementare Prolegomena zu einer Einführung in die Pataphysik*, Offenbach, 1959 ; Jean Baudrillard, *Pataphysique*, Paris, 2002 ; *Les très riches heures du collège pataphysique*, Paris, 1999.

334 Jarry, 1980 (note 330), p. 32.

335 Concernant l'influence de Jarry sur l'œuvre de Duchamp, voir Leiris, 1936 (note 312), p. 1088 ; Steefel, 1977 (note 139), p. 278-285 ; William Anastasi, « Duchamp on the Alfred Jarry Road », dans *Artforum*, n° 30, 1991, p. 86-90 ; Ramírez, 1998 (note 160), p. 147-147 ; Henderson, 1998 (note 92), p. 47-51 ; André Gervais, « Connections : Of Art and Arrhe », dans *De Duve*, 1991 (note 37), p. 427 et suiv. ; *id.*, « Casting a Pataphysical Doubt », dans André Gervais, *C'est. Marcel Duchamp dans « la fantasie heureuse de l'histoire »*, Nîmes, 2000, p. 333 et suiv. ; Jerold Seigel, *The Private Worlds of Marcel Duchamp. Desire, Liberation, and the Self in Modern Culture,* Berkeley, 1995, p. 164-165.

336 Jarry, 1980 (note 330), p. 32. Dans la *Boîte verte* de Duchamp figure la note « La Pendule *de profil* et *l'Inspecteur* d'espace ». En 1964 Duchamp confectionna une œuvre en papier plié intitulée *Pendule en profil* pour le livre de Robert Lebel, *L'Inventeur du temps gratuit*. Voir Schwarz, 2000 (note 8), cat. 610-612.

337 Jean-Marie Drot, « Jeu d'échecs avec Marcel Duchamp », 1963 (note 16). Quant au rôle de l'humour dans l'œuvre de Duchamp, voir aussi Robert Lebel, *Sur Marcel Duchamp*, Paris 1959, p. 29 et Georges Charbonnier, *Entretiens avec Marcel Duchamp [1960/61]*, Marseille, 1994, p. 55.

338 Voir Cabanne, 1967 (note 12), p. 70 ; Marcel Duchamp Speaks, Interview avec George Heard Hamilton et Richard Hamilton [1959], audio-cassette, *Audio Arts Magazine*, II, 4, 1976 ; James Johnson Sweeney dans *Jacques Villon, Raymond Duchamp-Villon, Marcel Duchamp*, cat. exp., New York, Solomon R. Guggenheim Museum, 1957, n.p. ; Charbonnier, 1994 (note 337), p. 55.

339 Duchamp, 1975 (note 9), p. 37.

340 Cabanne, 1967 (note 12), p. 81.

341 Duchamp, 1975 (note 9), p. 50. Dans la succession de Duchamp se trouvait l'essai de Pierre Camille Revel intitulé : « Le hasard, sa loi et ses conséquences dans les sciences et en philosophie », suivi d'un essai sur « La métempsychose, basée sur les principes de la biologie et du magnétisme physiologique », Paris, 1909. Voir Clair,

2000 (note 51), p. 300, note 9. Sur la réception du principe de l'incertitude et de la théorie cinétique des gaz par Duchamp, voir Henderson, 1998 (note 92), p. 133 et suiv. ; *id.*, 2001 (note 92), p. 295-324.

342 Voir Poincaré, 1902 (note 32), chap. 8, p. 155 et suiv. ; Poincaré, 1940 (note 42), Livre IX, p. 273 et suiv.

343 Paul Valéry a lui aussi eu recours aux idées de Poincaré pour ses nombreux aphorismes sur le hasard. Voir Christel Krauß, *Der Begriff des hasard bei Paul Valéry. Theorie und dichterische Praxis*, Diss., Heidelberg, 1969, p. 15 et 35. Cela s'applique aussi à André Breton. Voir André Breton, *L'Amour fou*, Paris, 1976, p. 31.

344 Poincaré, 1912 (note 40), p. 257-258. Voir Olaf Breidbach, *Der Analogieschluss in den Naturwissenschaften oder die Fiktion des Realen. Bemerkungen zur Mystik der Induktion*, Francfort-sur-le-Main, 1987.

345 Duchamp, 1975 (note 9), p. 36.

346 Poincaré, 1912 (note 40), p. 260-261.

347 Poincaré, 1940 (note 42), p. 64 et suiv.

348 Duchamp, 1975 (note 9), p. 46.

349 Poincaré, 1912 (note 40), p. 260-261.

350 Duchamp, 1975 (note 9), p. 47.

351 Poincaré, 1940 (note 42), p. 10.

352 Voir Molderings, 2004 (note 29), p. 104-106.

353 Voir Gold, 1958 (note 261), n° 4 ; *Art News*, 1968 (note 158), p. 47 ; Drot, 1963 (note 16).

354 Duchamp, 1999 (note 24), n° 26r, p. 27.

355 Concernant le situationnisme, voir Internationale situationniste, 1958-1969, Paris, 1975 et Roberto Ohrt, *Phantom Avantgarde. Eine Geschichte der Situationistischen Internationale und der modernen Kunst*, Hambourg, 1997.

356 *Art News*, 1968 (note 158), p. 63.

357 Octavio Paz, *Marcel Duchamp ou le château de la pureté*, Paris, 1967, p. 27.

358 Duchamp, 1975 (note 9), p. 51.

359 Voir Henderson, 1998 (note 92), p. 54 et p. 60-61 ; Carol James, « Duchamp's Silent Noise/Music for the Deaf », dans *Duchamp : Artist of the Century*, ed. par Rudolf Kuenzli et Francis M. Naumann, Cambridge/Mass., Londres, 1990, p. 106-126 ; Michael Betancourt, « Chance Operations/Limiting Frameworks : Sensitive

Dependence on Initial Conditions », dans *tout-fait. The Marcel Duchamp Studies Online Journal* 2, 2002, n° 4 ; Sophie M. Stévance, « Duchamp, de la musique à l'ère de la modernité », dans *Étant donné Marcel Duchamp* 6, 2005, p. 198-215 ; *The Entire Music of Marcel Duchamp*, Multhipla Records, n° 1, Milan, 1976 ; *Music by Marcel Duchamp*, S.E.M. Ensemble Petr Kotik John Cage, Berlin 1991.

360 Duchamp, 1975 (note 9), p. 49.

361 Schwarz, 2000 (note 8), cat. 406. L'obligation a été tirée à 30 exemplaires. Concernant la fonction du calcul des probabilités pour évaluer les chances de gain au jeu « Rouge et Noir » à la roulette, voir Poincaré, 1902 (note 32), p. 233-235 ; Poincaré, 1940 (note 42), p. 70-71 et Émile Borel, *Le Hasard*, Paris, 1982, p. 213-322.

362 *Selected Correspondence*, 2000 (note 139), p. 148-49.

363 *Id.*, p. 144.

364 Voir Hans Reichenbach, *Philosophische Grundlagen der Quantenmechanik*, Bâle, 1949 ; *Wieviele Leben hat Schrödingers Katze ? Zur Physik und Philosophie der Quantenmechanik*, éd. par Jürgen Audretsch et Klaus Mainzer, Mannheim, Vienne, Zürich 1990 ; Claus Grupen, « Die Natur des Zufalls », dans Gendolla, Kamhusmann, 1999 (note 1), p. 15-33 et Wolfgang Coy, « Berechenbares Chaos », dans *ibid.*, p. 34-47.

365 Cit. d'après Ernst Peter Fischer, *An den Grenzen des Denkens. Wolfgang Pauli – Ein Nobelpreisträger über die Grenzen der Wissenschaft*, Fribourg, Bâle, Vienne, 2000, p. 147.

366 *Ibid.*

367 Selon Lebel, 1959 (note 337), p. 30, Duchamp aurait devancé la théorie de la relativité, ce qui est chronologiquement impossible ; selon Hariett Ann Watts (*Chance. A Perspective on Dada*, Ann Arbor/Mich. 1980, p. 35) et Jonathan Williams, (« Pata or Quantum : Duchamp and the End of Determinist Physics », dans *tout-fait. The Marcel Duchamp Studies Online Journal* 3, 2000) il aurait pressenti l'émergence de la physique quantique. Le principe d'indétermination dans la physique quantique n'a rien à voir avec la problématique des *3 Stoppages étalon*. Voir Werner Heisenberg, *Quantentheorie und Philosophie*, Stuttgart, 1979, p. 19-20.

368 Duchamp à Ulf Linde [1961], cit. d'après Duchamp, 1992 (note 326), p. 123.

[369] Gold, 1958 (note 261), n° 27.

[370] Duchamp, 1975 (note 9), p. 46. Voir aussi Duchamp, 1999 (note 24), n° 773, p. 48.

[371] Dans Janis, 1945 (note 167), p. 105. Voir Stephan E. Hauser, *Das Problem der "Meta-Ironie" bei Marcel Duchamp. Eine kunstheoretische Untersuchung*, Maîtrise, Université de Bâle, 1990.

[372] Voir Lyotard, 1986 (note 81), p. 101-102. L'intervention du hasard dans l'œuvre de Duchamp fut souvent présentée dans les années 1950 et 1960 comme partie intégrante de l'esthétique dadaïste interprétée comme réaction à la Première Guerre mondiale. Voir Hans Richter, « Der Zufall », dans *Dada. Dokumente einer Bewegung*, cat. exp., Düsseldorf, Kunstverein für die Rheinlande und Westfalen, 1958, n. p. et *id.*, *Dada. Kunst und Antikunst*, Cologne, 1964, p. 51-59. Elle n'avait pourtant rien à voir avec elle, ni chronologiquement, ni quant au contenu.

[373] Voir l'explication de Duchamp à ce sujet dans Jean Schuster, « Marcel Duchamp vite », dans *Le Surréalisme, même*, n° 2, printemps 1957, p. 145. Concernant les échos nationalistes qui accompagnèrent les débats, surtout franco-anglais, sur le mètre étalon en 1912, voir Henderson, 1998 (note 92), p. 62.

[374] Stéphane Mallarmé, *Œuvres complètes*, édition établie et annotée par Henri Mondor et G. Jean-Aubry, Paris 1979, p. 477.

[375] Octavio Paz, 1967 (note 357), p. 83. Voir aussi Cris Hassold, *The Possibilities of Chance : A Comparative Study of Stéphane Mallarmé and Marcel Duchamp*, Diss., Florida State University, 1972 et Molly Nesbit, *Their Common Sense*, Londres, 2000, p. 193-194.

[376] Au sujet du concept de « sculpture toute faite », voir Molderings, 1995 (note 45), p. 122-124 et Molderings, 2004 (note 29), p. 120.

[377] Au sujet de l'esthétique du possible de Duchamp, voir pour plus de détails, Molderings, 2004 (note 29).

[378] Duchamp, 1975 (note 9), p. 104 et *Marcel Duchamp dans les collections du Centre Georges-Pompidou*, 2001 (note 8), cat. 5a et 5b. Le terme « callistique » est un néologisme ironique de Duchamp. Du grec « kállos » (beau), créé sans doute en analogie à la « balistique », le terme pourrait signifier « théorie de la trajectoire du Beau ».

[379] Duchamp, 1999 (note 24), n° 82rv, p. 51

[380] *Id.*, n° 1, p. 21. Vu la conjugaison de la catégorie du « possible » et du concept de « l'infra-mince », cette note peut être datée de la fin des années 1930, ce qui prouve que l'esthétique du possibi-

lisme n'a pas seulement préoccupé Duchamp pendant la conception du *Grand Verre* mais encore vingt ans plus tard.

381 Le non-savoir dans la culture du savoir éveille depuis un certain temps l'intérêt des philosophes. Voir Wolfram Hogrebe, *Echo des Nichtwissens*, Berlin, 2005.

382 Artists files, (note 5). En citant « Le moi et sa propriété », Duchamp n'avait qu'un souvenir incorrect du titre français du livre, Max Stirner, *L'Unique et sa propriété*, traduction de Robert L. Reclaire, Paris, 1899 – cit. d'après le 4e tirage, Paris, 1922.

383 A la question de Serge Stauffer en 1960, « Y a-t-il un philosophe ou une philosophie qui ont particulièrement retenu votre attention (Max Stirner par exemple) ? » Duchamp répondit : « Oui, au moins son "Unique et sa propriété". » Dans Duchamp, 1981 (note 78), p. 290.

384 Voir Molderings, 1983 (note 37), p. 96 et suiv. ; Thomas McEvilley, « empyrrhical thinking (and why kant can't) », dans *Artforum* 27, oct. 1988, p. 120-127 ; Molderings, « Objects of Modern Skepticism », 1991 (note 37), p. 273-274.

385 Max Stirner, *L'Unique et sa propriété*, traduction et préface de Henri Lasvignes, Paris, 1900 ; en décembre 1899, le livre était paru dans la traduction de Robert-L. Reclaire aux éd. P.-V. Stock, Bibliothèque sociologigue, n° 28. Voir aussi Tanguy L'Aminot, « Max Stirner im Ausland : Frankreich », dans *Der Einzige*, parution trimestrielle, Max Stirner-Archiv, Leipzig, H. 1/2 (9/10), Leipzig, 2000, p. 9-20 ; Daniel Guérin, *Ni dieu ni maître. Anthologie de l'anarchisme*, I, Paris, 1999, p. 12-14 et suiv. En France au tournant du siècle, Stirner n'était donc aucunement un « obscure German philosopher » comme l'écrit Francis M. Naumann. Voir *id.*, *The Art of Making Art in the Age of Mechanical Reproduction*, New York, 1999, p. 46.

386 Concernant les relations du groupe *L'Action d'art* avec les cubistes de Puteaux, voir Mark Antliff, *Inventing Bergson. Bergson, Cultural Politics, and the Parisian Avant-Garde*, Princeton, 1993, p. 136 et suiv. et Antliff, Leighten, 2001 (note 28), p. 130. A la librairie de *L'Action d'art* ouverte en juillet 1913 qui ne comprenait que, *dixit*, « des témoignages de nos tendances essentiellement individualistes et anarchiquement idéalistes » ne figuraient parmi les livres d'art que *Du cubisme* de Gleizes et Metzinger et *Les peintres cubistes* d'Apollinaire. Voir *L'Action d'art*, 9, 25 juillet 1913, p. 4. Parmi

les lecteurs assidus de la revue se trouvait aussi le jeune André Breton. Voir Marguerite Bonnet : *André Breton. Naissance de l'aventure surréaliste*, Paris 1975, p. 51-54.

[387] Voir Antliff, Leighten, 2001 (note 28), p. 136, 140 et Gérard Lacaze-Duthiers, *La tour d'ivoire vivante*, Paris, 1921.

[388] Voir André Colomer, « La société est le règne des médiocres », dans *id.*, « Les Poètes réfractaires. II. Vivre son rêve » dans *L'Action d'art*, 9, 25 juillet 1913, p. 3 ; Georges Palante, *L'individualisme aristocratique*, textes choisis et présentés par Michel Onfray, Paris, 1995 ; Gérard de Lacaze-Duthiers, *Le culte de l'idéal ou l'aristocratie*, Paris, 1909 ; *id.*, *Vers l'aristocratie*, Paris, 1913. Concernant Stirner en tant que maître à penser d'un « anarchisme aristocratique », voir Victor Basch, « *L'individualisme anarchiste. Max Stirner* », Paris, 1904.

[389] Voir *L'Action d'art*, 6, 10 mai 1913, p. 2-3. Bonnot était à l'époque le célèbre chef d'une bande anarchiste spécialisée dans les attaques de banques. Il mourut en 1913 lors d'un hold-up.

[390] André Colomer, 1913 (note 388), p. 3.

[391] *Id.*, « Aux sources de l'héroïsme individualiste. III. La science & l'intuition : leurs rôles dans l'individualisme », dans *L'Action d'art*, 6, 10 mai 1913, p. 2.

[392] *Id.*, 1913 (note 388), p. 3.

[393] Gérard Lacaze-Duthiers, « L'Individualisme esthétique et l'Aristocratie », dans *L'Action d'art*, 13, 25 septembre 1913, p. 2.

[394] Drot, 1963 (note 16).

[395] Entretien de Duchamp avec Jean Antoine, RTBF, 1966 ; cit. d'après « J'étais assez content d'être un déraciné », dans *Fin*, 13, 2002, p. 44.

[396] Ashton, 1966 (note 258), p. 247.

[397] Cit. d'après Denis de Rougemont, « Marcel Duchamp mine de rien », dans *Preuves*, 204, février 1968, p. 43.

[398] Charbonnier, 1994 (note 337), p. 16.

[399] Voir Gabrielle Buffet-Picabia, *Rencontres*, Paris, 1977, p. 37.

[400] Voir *L'Action d'art*, 4, 1er avril 1913, p. 1. Voir aussi Patricia Leighten, *Re-Ordering the Universe : Picasso and Anarchism, 1897-1914*, Princeton, 1989, p. 53-69.

[401] Gabrielle Buffet-Picabia, « Some Memories of Pre-Dada : Picabia and Duchamp (1949) », dans *The Dada Painters and Poets*, éd. par Robert Motherwell, New York, 1951, p. 257.

[402] Voir *Max Stirners "Der Einzige und sein Eigentum" im Spiegel der zeitgenössischen deutschen Kritik*, éd. par Kurt W. Fleming, Stirneriana, 20, Leipzig, 2001.

[403] Voir Bernd A. Laska, *Ein dauerhafter Dissident. 150 Jahre Stirners "Einziger". Eine kurze Wirkungsgeschichte*, Nuremberg, 1996; Anselm Ruest, « Stirner und Nietzsche (1911) », dans *id.*, *Max Stirner – Vorworte und Artikel* (1900-1924), Stirneriana, 3, Leipzig, 1998; « Max Stirner und Friedrich Nietzsche », dans *Der Einzige*, Max Stirner-Archiv, n° 4, 2001.

[404] Rüdiger Safranski, *Nietzsche. Biographie d'une pensée*, trad. par Nicole Casanova, Solin, 2000, p. 114-115.

[405] Stirner, 1922 (note 382), p. 34-36.

[406] Safranski, 2000 (note 404), p. 115.

[407] Gold, 1958 (note 261), n° 23.

[408] William Seitz, « "What's Happened to Art?" An Interview with Marcel Duchamp on Present Consequences of New York's 1913 Armory Show », dans *Vogue*, 15 février 1963, p. 113.

[409] Safranski, 2000 (note 404), p. 115.

[410] Stirner, 1922 (note 382), p. 1.

[411] *Ibid.*, p. 4.

[412] « Marcel Duchamp Speaks », 1976 (note 338).

[413] Le livre figurait parmi les rares livres de la succession de Duchamp. La nouvelle édition de *L'Unique et sa propriété*, éd. par Jean-Jacques Pauvert, est une réimpression de l'édition traduite par Robert L. Reclaire de 1900. Concernant l'acquisition du livre par Duchamp, voir Serge Stauffer : « Du coq à l'âne mit Marcel Duchamp », dans Duchamp, 1981 (note 78), p. 301. Selon les mémoires de Julien Levy, marchand new-yorkais d'objets d'art surréalistes, Duchamp avait vivement recommandé dès les années 1940 la lecture de Max Stirner au peintre Matta Echaurren, « Once Duchamp suggested a book for him to read, *The Ego and Its Own* by Max Stirner. This rather thin distillation of complete nihilism from Nietzsche (*sic*) became Matta's unprofitable Bible ». Julien Levy, *Memoir of an Art Gallery*, New York, 1977, p. 248.

[414] Duchamp dans *Janis* [1945], cit. d'après *Étant donné* (note 167), p. 106. Voir aussi Gold, 1958 (note 261), n° 1 : « Problems of the mind reduce to tautologies. Our talk about them adds nothing. »

[415] Stirner, 1922 (note 382), p. 448-449.

[416] Drot, 1963 (note 16).

[417] Duchamp, 1981 (note 78), p. 225.

[418] Cit. d'après Tomkins, 1968 (note 328), p. 36.

[419] Cit. d'après *Ephemerides*, 1960, Friday, Hempstead (note 119).

[420] *Ibid.*

[421] *Ibid.* Voir les propos semblables dans l'entretien avec Ashton, 1966 (note 258), p. 246. L'année du symposium, Duchamp disait à son admirateur et traducteur suisse Stauffer : « Stirner est un "grand bonhomme" que l'on ne connaît peut-être même pas en Allemagne… ? […] Stirner voulait dire autre chose que l'anarchisme, bien qu'on l'ait confondu avec celui-ci et qu'on l'ait combattu en son nom. » Duchamp, 1981 (note 78), p. 301. Un article de Patrick Waldberg montre à quel point les idées de Stirner étaient discutées dans le cercle des amis de Duchamp, Waldberg y présente Duchamp comme l'incarnation de « l'unique » de Stirner. Patrick Waldberg, « Marcel Duchamp, l'unique et ses propriétés. Robert Lebel », dans *Critique*, 149, octobre 1959, p. 850-865.

[422] Poincaré, 1912 (note 40), p. 7, 10.

[423] *Ibid.*, p. 10.

[424] *Ibid.*, p. 6.

[425] *Ibid.*, p. 7.

[426] Werner Heisenberg, *Die Bedeutung des Schönen in der exakten Naturwissenschaft*, Stuttgart, 1971, réimpression dans Heisenberg, 1979 (note 367), p. 103 ; voir aussi *ibid.*, p. 40-41.

[427] Poincaré, 1940 (note 42), p. 57, 59.

[428] *Ibid.*, p. 102.

[429] Lyotard, 1986 (note 81), p. 29-31 et suiv. En 1979, Roland Barthes, mû par l'idée véritablement pataphysique d'une « mathesis singularis », cherchait à fonder une théorie ontologique de la photographie sur une unique photo. Voir Roland Barthes, *La chambre claire*, dans *id.*, *Œuvres complètes, 1977-1980*, V, Paris, 2002, p. 795.

[430] Voir Gilles Deleuze, Felix Guattari, *Capitalisme et schizophrénie. L'anti-Œdipe*, Paris, 1972, p. 24-25.

[431] Voir Gilles Deleuze, *Logique du sens*, Paris, 1969, p. 76 ; voir aussi Friedrich Balke, « Den Zufall denken. Das Problem der Aleatorik in der zeitgenössischen französischen Philosophie », dans Gendolla, Kamphusmann, 1999 (note 1), p. 48-77.

[432] Voir Henderson, 2001 (note 92), p. 298.

[433] Voir Molderings, 2002 (note 19), p. 15-23.

[434] Sweeney, 1946 (note 14), p. 172.

[435] Cabanne, 1967 (note 12), p. 67.

[436] Voir Clair, 2000 (note 51).

[437] Cit. d'après R.B. Becket (éd.), *John Constables's Discourses*, Suffolk Records Society, vol. 14, Ipswich, 1970, p. 69.

[438] Ashton, 1966 (note 258), p. 246.

Remerciements

Que tous ceux qui ont participé à la réalisation de cet ouvrage trouvent ici l'expression de notre gratitude : Jacqueline Matisse-Monnier, Villiers-sous-Grez, pour le soutien apporté à cette publication, Michael Taylor, Philadelphia Museum of Art pour les illustrations mises à notre disposition, Francis M. Naumann, New York, et James Mc Manus, Chico, Cal. pour leurs précieuses suggestions, Margit Rowell, New York, qui nous a donné accès aux *3 Stoppages étalon* en dépôt au Museum of Modern Art, New York. Nos vifs remerciements s'adressent à Anne-Marie Geyer pour la traduction et à Mathilde Arnoux et Françoise Clausse pour la rédaction et la relecture de l'ouvrage. Nous tenons à exprimer notre vive reconnaissance à Thomas W. Gaehtgens et Gregor Wedekind du Centre allemand d'histoire de l'art qui se sont si généreusement engagés pour la publication de ce livre.

Crédits photographiques

Auteur : frontispice, 4, 9, 14, 20, 21, 25, 26, 27, 31, 33, 34 (reproductions Lothar Schnepf, Cologne) ; Philadelphia, Philadelphia Museum of Art : 1, 2, 7, 8, 16, 22, 23 24 ; New York, Museum of Modern Art : 3, 13, 18 ; Paris, Bibliothèque Sainte-Geneviève : 5, 6, 15 ; Paris, Bibliothèque Nationale de France : 10, 11 ; Musée national d'art moderne, Centre Georges Pompidou : 35, 36 ; L. D. Henderson : *Duchamp in Context*, Princeton University Press 1998 : 12 ; Denise Bellon, Paris : 17 ; Archives Marcel Duchamp, Villiers-sous-Grez : 19 ; Ecke Bonk : *Marcel Duchamp. Die große Schachtel*, Munich 1989 : 27 ; *Dokumentation über Marcel Duchamp*, cat. d'exp. Zurich, Kunstgewerbemuseum : 28 ; *L'Aventure du mètre*, cat. d'exp. Musée national des techniques – CNAM, Paris : 32 ; *Marcel Duchamp*, éd. Pontus Hulten, London 1993 : 29

Illustration de couverture
3 Stoppages étalon, 1913-14. Trois fils d'un mètre fixés sur des bandes de toile (120 × 13,3 cm) collées sur verre (125,4 × 18,3 cm). The Museum of Modern Art, New York, legs de Katherine S. Dreier, 1953

ISBN 978-2-7351-1148-0
Imprimé en France

Rédaction
Mathilde Arnoux

Mise en pages et couverture
Jacques-Antoine Bresch

Relecture
Françoise Clausse

Diffusion/ Distribution
CID, 131, bd Saint-Michel, F-75005 Paris
Tél : 33 1 53 10 53 95, fax : 33 1 40 51 02 80
http://www.cid-diffusion.fr

COMPOGRAVURE
IMPRESSION, BROCHAGE

imprimerie CHIRAT

42540 ST-JUST-LA-PENDUE
MAI 2007
DÉPÔT LÉGAL 2007 N° 4280

IMPRIMÉ EN FRANCE